Paidéia 2
LAZER
direção
Yara Maria de Carvalho

PAIDÉIA
(do grego Παιδεία, formação integral)

TÍTULOS EM CATÁLOGO

Metodologia das Ciências Humanas, Paulo de Salles Oliveira (org.)
Festa no Pedaço, José Guilherme Cantor Magnani

Festa no pedaço

Cultura popular e lazer na cidade

JOSÉ GUILHERME CANTOR MAGNANI

Festa no pedaço

Cultura popular e lazer na cidade

SEGUNDA EDIÇÃO

Editora UNESP
FUNDAÇÃO
EDITORA HUCITEC
São Paulo, 1998

e-mail: hucitec@mandic.com.br

ISBN 85-0271-0466-0
Foi feito o Depósito legal.

Editoração Eletrônica:
Johannes Christian Bergmann
Rafael Vitzel Corrêa

Ilustração da capa: *Festa Popular* (detalhe), Alfredo Volpi.

Co-edição com a
FUNDAÇÃO EDITORA DA UNESP
Av. Rio Branco, 1210 – 01206-904
São Paulo, Brasil.
Telefones: (011)223-7088; fax (011)223-7088 (ramal 227).

Dados Internacionais de Catalogação na Publicação (CIP)
(Sandra Regina Vitzel Domingues)

M 163 Magnani, José Guilherme Cantor
Festa no Pedaço: Cultura popular e lazer na cidade / José Guilherme Cantor Magnani. — 2.ª ed. — São Paulo : Hucitec / UNESP, 1998.

192 p. ; 21 cm. (Paidéia ; 2)
Bibliografia: p. 194
Inclui apêndice
ISBN 85-271-0466-0

1. Sociologia – Cultura popular I. Título II.Série .

CDD - 301.2
793

Índice para catálogo sistemático:

1. Sociologia: Cultura popular 301.2
2. Cultura popular: Entretenimento 301.2
3. Divertimentos sociais: Passatempos 793

Para meus pais,
João e Leonilda

SUMÁRIO

APRESENTAÇÃO DA NOVA EDIÇÃO

O RELANÇAMENTO DO LIVRO *Festa no Pedaço,* agora pela Editora Hucitec, deve-se certamente mais à atualidade do tema e à perspectiva que abriu para seu estudo do que às informações nele encontradas, colhidas que foram há quase vinte anos. À época, auge das análises sobre movimentos sociais urbanos, uma pesquisa sobre o lazer era vista quase como diletantismo, pois se considerava que havia coisas mais importantes a tratar, como o mundo do trabalho ou o da política, por exemplo. Estudar o tempo livre? E mais, justamente entre moradores de bairros de periferia onde tal palavra parecia desprovida de qualquer sentido diante das necessidades mais urgentes da vida cotidiana?

A situação, hoje, é outra. A questão do tempo livre assumiu lugar privilegiado na atual agenda: o volume, alcance e sofisticação das inúmeras formas por meio das quais se utiliza aquela parcela de tempo liberado das obrigações socialmente determinadas fazem do lazer tema de reflexão sobre o próprio significado da sociedade contemporânea, sobre as possibilidades que abre e os impasses que acirra.

Voltando, porém, à periferia de São Paulo, começo do anos oitenta: o propósito era estudar o circo-teatro, forma peculiar de entretenimento e dramaturgia, de longa tradição tanto no interior do Brasil como nos bairros populares das grandes cidades. Mas, por uma dessas reviravoltas que só o trabalho etnográfico apronta, a rede mais geral e o espaço onde essa forma de lazer se inseria e era desfrutada terminaram despertando mais interesse do que o próprio objeto do estudo.

Os contatos que os artistas circenses procuravam estabelecer com os moradores de cada nova localidade para assegurar uma boa permanência revelaram a existência de redes prévias de relações, ancoradas num determinado espaço e mantidas tanto por um mesmo sistema de referências entre os freqüentadores (manejo de um código comum, laços de vizinhança, preferências esportivas e de lazer) como pelo investimento de uma presença constante, determinando assim o grau de pertencimento e estabelecendo fronteiras. Era o seu "pedaço", diziam eles.

Esta categoria, nativa, acabou transcendendo o *locus* de sua aplicação originária e, com base em diálogo com outras propostas, como a representada pela oposição *rua* versus *casa* de Roberto Da Matta, passou a ser usada para designar um tipo particular de sociabilidade e apropriação do espaço urbano.

Segundo a conhecida fórmula damattiana, têm-se dois planos, cada qual enfeixando de forma paradigmática uma série de atitudes, valores e comportamentos, uma delas referida ao público e, a outra, ao privado. O "pedaço", porém, apontava para um terceiro domínio, intermediário entre a rua e a casa: enquanto esta última é o lugar da família, à qual têm acesso os *parentes* (ligados por laços já estabelecidos de antemão) e a rua é dos *estranhos* (onde, em momentos de tensão e ambigüidade, recorre-se à fórmula "você sabe com quem está falando?", para delimitar posições e marcar direitos), o pedaço é o lugar dos *colegas,* dos *chegados*. Aqui não é preciso nenhuma interpelação: todos sabem quem são, de onde vêm, do que gostam e do que se pode ou não fazer.

Até então o contexto era o bairro na periferia de São Paulo. A questão levantada em "Festa no Pedaço", contudo, redundou em novos projetos de pesquisa e a primeira pergunta foi sobre o que aconteceria em outras partes do território urbano — as regiões centrais, por exemplo, — de modo geral caracterizadas pelo anonimato, impessoalidade nas relações e percorridas por gente de várias procedências. Como se estabelecem, aí, as redes de sociabilidade, já não marcadas por relações de vizinhança ou por práticas compartilhadas no horizonte do dia-a-dia?

Só a etnografia poderia dizer e, após pesquisas feitas com a participação de membros do Núcleo de Antropologia Urbana (NAU), foi possível constatar que os freqüentadores desses "pedaços do centro" não necessariamente se conhecem (como ocorria no bairro), mas se *reconhecem:* venham de onde vierem, trazem na roupa, na postura corporal, na linguagem, os sinais exteriores de seu pertencimento. Por causa dessa ênfase mais nos aspectos simbólicos, aqui o pedaço é menos dependente da variável territorial: se for o caso, muda-se de ponto e pronto.

A noção de "pedaço", contudo, não dava conta de outras formas de sociabilidade que a etnografia agora identificava, nessas áreas da cidade marcadas por atividades de lazer e consumo cultural. Surge, então, toda uma "família" terminológica — *mancha, trajeto, pórtico, circuito* — que amplia o alcance daquela categoria: permite captar outras modalidades de experiências urbanas na escala da metrópole, conectando a vivência em nível local com outras que a transcendem e se abrem na direção de redes de trocas mais extensas.

Isto, porém, já é tema de outros trabalhos. Vêm sendo suscitados, é verdade, por *Festa no Pedaço* que, nesta nova edição, contudo, não apresenta modificações com relação ao texto original, limitando-se ao achado feito há anos, quando o pesquisador fez uma pergunta e os moradores, generosamente, deram duas respostas: uma mostrando a importância do lazer em sua vida diária e outra, a mais significativa, sobre essa particular forma de desfrutá-lo na qual o que importa mesmo é o encontro, a troca, o reforço dos vínculos de sociabilidade.

José Guilherme Cantor Magnani

São Paulo, outubro de 1998

PREFÁCIO

*J*Á SE MULTIPLICAVAM OS ESTUDOS *sobre a realidade dos bairros de periferia nos centros metropolitanos quando José Guilherme começou a prestar atenção a um aspecto do cotidiano popular praticamente ignorado por esses estudos.*

Mercado de trabalho informal, protagonistas de movimentos sociais, operários das fábricas — eis algumas das facetas dos moradores dos arredores das grandes cidades que despertavam o interesse dos pesquisadores. Empenhados em analisar a exploração exercida sobre este contingente da mão-de-obra urbana, pareciam descrever indivíduos programados apenas para o trabalho e incapacitados para o prazer. Com freqüência, o gosto popular pelo futebol, pelos melodramas históricos ou mesmo pela televisão era interpretado como uma das dimensões da alienação dos dominados.

O tempo de lazer, entretanto, é chamado de tempo livre justamente porque nessas horas — apesar das limitações impostas pela pobreza — o trabalhador escolhe. Entre o futebol de várzea, o circo, a festa de aniversário ou a excursão a Aparecida do Norte, há campo para decisão. Como em todas as escolhas, esta também opera com alternativas limitadas, mas, aqui, o importante é que se deve eleger o mais agradável. Fica difícil aceitar as explicações simplificadas que enfatizam a manipulação das camadas populares pelos grupos dominantes quando percebemos que os momentos de lazer se inscrevem neste espaço de opção onde é legítimo buscar o entretenimento.

E ainda que sejam poucas as horas de descanso que os trabalhadores podem desfrutar, elas alimentam atividades que dão cor local aos bairros populares. Há uma paisagem que José Guilherme desvenda a partir das conversas de botequim, dos almoços de domingo, dos jovens que curtem a discoteca próxima e, principalmente, a partir da teimosa presença do circo-teatro.

Quantas vezes os intelectuais já decretaram a falência dos circos mambembes que, como outras formas de diversão populares, há muito deveriam ter sido afogados pela expansão da TV? Mas eles continuam a existir ao lado das tradicionais folias-de-reis ou danças de São Gonçalo, convivem bem com as excursões de farofeiros e competições esportivas — que levam as pessoas para fora de seu "pedaço": ainda que como parte dele — e também com o rádio e a televisão que trazem os acontecimentos mundiais para dentro do bairro.

Apesar da competição entre estas diferentes formas de passar o tempo, o público continua a prestigiar o circo, rindo com as comédias ou chorando com os melodramas estereotipados. Por quê?

Este livro conta o caminho percorrido para responder a esta e outras questões relativas ao gosto, à cultura e ao lazer popular. O ponto de partida desta aventura — que começou com a participação na vida cultural de alguns bairros — foi considerar importantes as atividades cotidianas vistas, correntemente, como não importantes. Tecendo as ligações entre o rádio, a televisão e o circo, o piquenique de domingo e a vizinhança, o funk *das noites de sábado e o concurso de violeiros, este trabalho descreve a vida local nestes muitos "pedaços" em que se subdivide a imensa periferia metropolitana. E neles estão os trabalhadores, vivendo uma experiência urbana fundamental: a criação de identidades locais que passam pelo consumo de informações universais.*

O circo-teatro sempre se alimentou desta mescla e é um exemplo vivo das construções culturais feitas de preservação e de transformação. Considerar este processo é olhar a cultura popular de um ângulo novo que permite dar vida aos personagens urbanos compreendendo seus encontros e desencontros com a chamada cultura erudita.

E tal como os moradores dos bairros populares, quando desfrutam suas festas, assistem aos seus espetáculos, ouvem seus programas, os leitores deste livro certamente encontrarão prazer em sua leitura.

Ruth Cardoso

INTRODUÇÃO

NA PRAIA DE UMA DAS ILHAS que se sucedem ao longo do litoral sul da Nova Guiné, um homem, rodeado apenas de seu equipamento, vê afastar-se o barco que o trouxe até aquelas paragens. Está absolutamente sozinho; sem contatos com o homem branco, suas informações sobre os costumes, a língua e o modo de vida dos habitantes dessa ilha, com os quais em breve irá deparar-se, são ainda superficiais, fragmentárias e pouco confiáveis.

Este é o começo da aventura, não de algum explorador em busca de tesouros escondidos, objetos exóticos ou simplesmente de emoções, mas de um estudioso da cultura, Bronislaw Malinowski, que anos mais tarde — ao publicar, em 1922, o resultado de suas pesquisas —, assim haveria de referir-se às primeiras tentativas de aproximação com os nativos:

"Lembro-me bem das longas visitas que fiz às aldeias durante as primeiras semanas; do sentimento de desespero e desalento após inúmeras tentativas obstinadas mas inúteis para tentar estabelecer contato real com os nativos e deles conseguir material para a minha pesquisa. Passei por fases de grande desânimo, quando então me entregava à leitura de um romance qualquer, exatamente como um homem que, numa crise de depressão e tédio tropical, se entrega à bebida" (Malinowski, 1978, p. 19).

A forma como este pesquisador — vivendo permanentemente na aldeia, afastado da companhia de outros homens brancos e aprendendo a língua nativa — encarou e resolveu os problemas surgidos durante o desenvolvimento de seu trabalho, revolucionou a prática de pesquisa etnográfica: técnicas até então predominantes, como a aplicação de questionários com a ajuda de tradutores, o recurso a informantes bilíngües e a utilização de relatos de viajantes, missionários, administradores — na maioria das vezes incompletos e tendenciosos — foram em parte substituídos pela observação direta e pelo convívio diário com os membros da comunidade:

"No meu passeio matinal pela aldeia, podia observar detalhes íntimos da vida familiar — os nativos fazendo sua toalete, cozinhando, comendo; podia observar os preparativos para os trabalhos do dia, as pessoas saindo para realizar suas tarefas, grupos de homens e mulheres ocupados em trabalhos de manufatura. Brigas, brincadeiras, cenas de família, incidentes geralmente triviais, às vezes dramáticos, mas sempre significativos, formavam a atmosfera da minha vida diária, tanto quanto a deles. [...]. Desta forma, com a capacidade de aproveitar sua companhia e participar de alguns de seus jogos e divertimentos, fui começando a sentir que entrara realmente em contato com os nativos. Isso constitui, sem dúvida alguma, um dos requisitos preliminares essenciais à realização e ao bom êxito da pesquisa de campo" (Idem, ibidem, p. 21-2).

Seguindo a trilha aberta por Malinowski, os antropólogos aprenderam, desta maneira, a transformar as dificuldades iniciais de seu trabalho em condição e instrumento de pesquisa. Com efeito, diante de sociedades com padrões culturais completamente diferentes dos seus, é preciso estar atento a cada gesto, palavra ou hábito, por mais insignificantes ou exóticos que possam parecer. Para compreender seu significado e poder relacioná-los com outros aspectos do sistema cultural é imprescindível, além das explicações dos nativos, observá-los no contexto da vida tribal. Faz-se necessário inclusive manter, de alguma forma, esta situação de "estranhamento", pois à medida que o desconhecido vai se tornando familiar, corre-se o risco de prestar atenção apenas a questões supostamente mais importantes.

Este risco é maior para o pesquisador cujo objeto de estudo fez parte de sua própria sociedade. Condições à primeira vista mais favoráveis — manejo da língua, facilidade de acesso, informações prévias — podem transformar-se em obstáculos, pois muitas vezes a familiaridade, nestes casos, não é senão o resultado de idéias preconcebidas, deformadas, quando não totalmente errôneas. A precaução, aqui, é no sentido inverso: trata-se de transformar o "familiar" em "estranho"[1].

O lazer — tema deste trabalho — é parte integrante da vida cotidiana das pessoas e constitui, sem dúvida, o lado mais agradável e descontraído de sua rotina semanal. Exatamente por estas razões e que não está imune a preconceitos quando se trata, não de desfrutá-lo, mas de refletir sobre seu significado. Em primeiro lugar, é considerado irrelavante, enquanto tema de pesquisa: há coisas mais sérias, como o trabalho,

[1] Cf. Da Matta, 1974; Velho & Castro, 1978.

a política. Aliás, nem mesmo existe: no caso específico dos trabalhadores, há quem constate que o tempo livre é basicamente utilizado para complementar os magros orçamentos domésticos; quando existe, ressente-se da falta de espaço, equipamentos, ou então está irremediavelmente contaminado pelos *mass-media*, não passando, portanto, de válvula de escape e alienação[2].

Convém recordar, a propósito, que a luta do movimento operário pela diminuição da jornada de trabalho tinha como objetivo, entre outros, conquistar uma parte das horas ocupadas em tarefas produtivas para destiná-las a atividades culturais e recreativas, à leitura, ao descanso. É bem verdade que nas atuais condições de vida dos trabalhadores nos grandes centros urbanos, seu tempo, energia e recursos são, em grande parte, utilizados para assegurar a sobrevivência. No entanto, sempre sobra disposição, um tempinho e uns trocados para o baile ou circo no sábado à noite, para a partida de futebol das manhãs de domingo, a sinuca no fim da tarde, a festa de aniversário ou casamento de algum colega e às vezes até para uma rapidíssima excursão a Aparecida do Norte, ou então a Praia Grande, na festa de Iemanjá.

Talvez não se encontrem, nestas formas de diversão, as marcas de um lazer ou cultura idealmente associados ao estilo de vida operário, mas é assim que se desfruta o escasso tempo livre nos bairros da periferia de São Paulo. Entretenimentos desse tipo — pobres, pouco originais, sem nada de muito elaborado ou "autêntico" — podem, no entanto, constituir uma via de acesso ao conhecimento dos valores, da maneira de pensar e do modo de vida dos trabalhadores. Para tanto, é preciso fazer como o antropólogo diante de costumes ou ritos "exóticos": deixar de lado uma postura etnocêntrica e observá-los de perto e em seu próprio contexto, pois se existem é porque possuem um significado para aqueles que os praticam. A cultura de um povo, lembra Geertz, "é um conjunto de textos que o antropólogo tenta ler por sobre os ombros daqueles a quem eles pertencem [...]. Fazer a etnografia é como tentar ler um manuscrito estranho, desbotado, cheio de elipses, incoerências, emendas suspeitas e comentários tendenciosos, escritos não com os sinais convencionais do som, mas com exemplos transitórios de comportamento modelado" (Geertz, 1978, p. 321 e 20).

Quando, no decorrer do trabalho que este livro pretende retratar, as "elipses, incoerências e emendas suspeitas" tornavam particularmente difícil a leitura do "manuscrito" que havia escolhido como tema de pesquisa, entravam em cena algumas pessoas a quem devo especial reconhecimento: em primeiro lugar Ruth Cardoso, amiga e orientadora de tese, que sabia como e em que momento intervir, seja apontando rumos, discutindo os problemas, sugerindo textos. Eunice Durham, por sua

[2] Mesmo as formas de entretenimento e diversão mais estudadas como o carnaval e o futebol, por exemplo — vistosos, mobilizadores — não escapam a julgamentos deste tipo. O lazer a que me refiro, entretanto, é aquele desfrutado nos fins de semana em casa, no bairro.

vez — prática e objetiva — ali estava, atenta para a análise dos dados e para a precisão dos conceitos; pude contar, ainda, com as oportunas contribuições de José Augusto Guilhon de Albuquerque e Marlise Meyer, e o resultado foi a tese de doutorado que apresentei ao Departamento de Ciências Sociais da Faculdade de Filosofia, Letras e Ciencias Humanas da Universidade de São Paulo, em 1982, com o título de *Festa no pedaço — o circo-teatro e outras formas de lazer e cultura popular*.

O texto aqui apresentado — após as modificações sugeridas por Lilian e Naira para aliviá-lo de passagens, citações e referências de interesse talvez para um público mais restrito — conserva, no entanto, a estrutura do trabalho original, de modo que o leitor poderá acompanhar (e julgar) o próprio percurso da pesquisa. Para poupá-lo, contudo, de percorrer o caminho nas mesmas condições em que o autor teve de fazer, convém sinalizá-lo: este é o propósito das indicações que seguem, e de outras, já no decorrer do trabalho.

O ponto de partida foi uma constatação: apesar do atual interesse em torno das condições de existência dos trabalhadores nos grandes centros urbanos, um aspecto concreto — as formas de entretenimento com que a população preenche o tempo de lazer, nos bairros da periferia — tem sido deixado de lado pela maioria dos estudos e análises. Este aspecto, entretanto, é parte integrante do cotidiano dessa população: por que, então, não partir daí para tentar enriquecer a compreensão de seus valores, modos de pensar e agir.

Para puxar o fio da meada foi escolhida, entre as múltiplas manifestações de lazer, uma em particular — o circo — que por algumas de suas características prometia um bom começo: modalidade tradicional de diversão, seja nas pequenas cidades do interior, seja nos grandes centros, tem conservado sua feição e estilo inconfundíveis, apesar da influência dos mais diversos fatores; os elementos que compõem seu espetáculo vão desde a antiga arte circense (incluindo o teatro) até produtos da indústria cultural; e, finalmente, apesar da mobilidade que o caracteriza, procura sempre estabelecer vínculos com o público de cada bairro onde se instala.

A título de reconhecimento do terreno, foi feita uma primeira descrição de seu funcionamento, sua organização e de um espetáculo, o que permitiu levantar algumas pistas para a continuidade e aprofundamento da pesquisa: identificar as raízes do teatro circense; analisar as comédias e dramas de seu repertório; detectar suas relações com o público e a rede de lazer mais ampla na qual se insere. Antes, porém, de tomar qualquer uma das direções apontadas, era necessário equipar-se com o instrumental de análise adequado: daí a necessidade da discussão desenvolvida no capítulo "Questões de método".

O corpo do trabalho, desta forma, inclui uma rápida incursão pelos séculos XVI e XIX em busca das matrizes do teatro circense, a *Commedia dell'Arte* e o melodrama. A seguir, a análise de um *corpus* selecionado de representações teatrais a fim de compreender seu significado e determinar os mecanismos que explicam seu alcance entre os espectadores; e, finalmente, a passagem do circo à rede de lazer, à procura de outras formas de entretenimento em determinado bairro.

A última etapa da pesquisa exigiu, naturalmente, uma maior permanência no bairro. Não se tratava, é claro, de uma ilha no Pacífico, ou uma aldeia no planalto central brasileiro; as dificuldades e surpresas, porém, não foram menores. E só aos poucos é que fui aprendendo a dar o devido valor a acontecimentos aparentemente corriqueiros, como aniversários e casamentos, a identificar a rede de relações mobilizada num torneio de futebol de várzea, a ver com outros olhos o entusiasmo de uma excursão de farofeiros e até mesmo a prosseguir, "numa boa", a entrevista iniciada inadvertidamente com um bandido. Para isso, tive de fazer parte, de algum modo, da realidade que estava observando, o que significa que terminei pertencendo ao "pedaço".

Para finalizar, uma palavra aos professores e colegas dos cursos de pós-graduação, aos colegas dos seminários das segundas-feiras no Departamento de Ciências Sociais da USP — Teresa Caldeira, Carmen Cinira, Maria Lúcia Montes, Guita Grin, Mariza Correa, Paula Montero, Oscar Landi, Alba Zaluar — e a todos os demais amigos que de uma forma ou outra estiveram presentes durante a realização do trabalho: gente do "pedaço" de cá, a quem quero expressar meu reconhecimento.

Agradeço à Fundação de Amparo à Pesquisa do Estado de São Paulo pela bolsa de estudos que me foi concedida de agosto de 1978 a janeiro de 1981.

A DESCOBERTA DA PERIFERIA

A PERIFERIA DA GRANDE SÃO PAULO constitui um mundo de difícil acesso para quem vem do lado de lá da Avenida Marginal: sua topografia é acidentada, o traçado das ruas e becos nem sempre respeita as decantadas regras do planejamento urbano, as construções denunciam a ausência da prancheta do arquiteto e a decoração fere ostensivamente as normas de uma certa concepção estética.

No entanto, e a despeito do nome da avenida que de algum modo traça os limites entre a cidade e os bairros periféricos, seus habitantes já não são considerados "massas marginais". Conhecidos atualmente por "classes populares", são muito procurados por militantes de partidos políticos, membros de organizações ligadas à Igreja, pesquisadores e cientistas sociais que descobrem e revalorizam sua vida associativa (Sociedades de Amigos de Bairro, grupos de base, clubes de mães, movimentos de moradores), suas reivindicações e modalidades de luta específicas.

Pesquisas atuais, com efeito, sobre formas de participação e organização populares nos aglomerados urbanos mais desenvolvidos, mostram que a cidade — em contraposição com a roça ou a vila interiorana — é vista como o lugar de realização de um projeto de vida basicamente por meio da possibilidade de emprego estável, da aquisição da casa própria, do acesso à escola e aos serviços de saúde. O sucesso dependeria, por um lado, da capacidade individual — "ter boa cabeça para os estudos", "lutar", "poupar" — e, de outro, de condições objetivas que seriam encontradas nos grandes centros urbanos. Entre o que se espera da cidade, contudo, e o que realmente ela oferece, há uma distância que é percebida não apenas sob a forma de carências, mas também de distribuição desigual dos recursos e equipamentos entre "ricos e pobres", "fracos e fortes", "vilas pobres e bairros bacanas".

Esta avaliação do urbano não se esgota, porém, no plano das representações. Encontra sua expressão política em movimentos que vão desde o encaminhamento das reivindicações por intermédio de organizações como as Sociedades de Amigos de Bairro, comissões de moradores, etc. até modalidades mais explosivas como depredações e quebra-quebras. O estudo dessas manifestações — que constituem a temática conhecida como "movimentos sociais urbanos" — tem levantado uma série de questões. Discute-se, entre outras coisas, se tais movimentos são espontâneos ou produtos de um trabalho organizado; se inauguram um novo estilo de prática política, centrada na reprodução e contraposta àquela cuja base é a esfera da produção; ou, ainda, se constituem uma confrontação direta com o Estado, em vez do tradicional conflito interclasses. Sem entrar diretamente nessa discussão, pode-se afirmar, no entanto, que se está muito longe do suposto estado de exclusão crescente descrito em trabalhos inspirados na teoria da marginalidade[1]. Estudos mais recentes sobre a questão dos movimentos sociais urbanos afirmam, ao contrário, não só a capacidade de mobilização de seus agentes em torno de reivindicações específicas, como ainda o caráter político contido nessas demandas e nas formas de luta mediante as quais se expressam (Jacobi, 1980).

Se é inegável a presença desse componente político, são comuns, no entanto, situações que aparentemente desconcertam a lógica de uma "boa política". Em pesquisas às voltas com sistemas de valores e representações a respeito da sociedade e poder na população de bairros periféricos, aparece o caso, por exemplo, de dirigentes de associações vicinais, muito ativos e engajados na luta por melhorias no bairro mas que, indagados a respeito de política, respondiam invariavelmente que "é coisa suja". No entanto, para resolver as carências do bairro, não titubeavam em recorrer a funcionários das administrações regionais da prefeitura, a vereadores e deputados, em busca de apoio (Caldeira, 1980). Em outro caso, ocorrido numa favela, enquanto ativistas de diferentes colorações partidárias debatiam qual a alternativa mais correta no encaminhamento de sua ação — se levar as pessoas a buscarem por si mesmas, por meio do trabalho em comum, as soluções para seus problemas, ou se, ao contrário, deveriam incentivá-las a exigir das autoridades essas soluções — os favelados faziam ambas as coisas.

Contradições entre o discurso que nega e o comportamento que afirma? Incoerência diante de propostas politicamente incompatíveis? Não necessariamente, se pensarmos essas práticas no interior de estratégias que combinam varias alternativas.

[1] Para uma crítica à teoria da marginalidade, ver, entre outros, Oliveira, 1972; Paoli, 1974; Kowarick, 1975.

Diante de situações concretas, pode-se recorrer a esta ou àquela solução — ou a ambas — dependendo da percepção que se tenha de sua eficácia ou oportunidade. Não são outros, aliás, os motivos que levam as pessoas, por exemplo, a recorrer ora à medicina oficial, ora a práticas umbandistas em busca de alívio para seus males do corpo e aflições do espírito. Se algumas dessas perturbações são classificadas como "de médico" e outras, como conseqüências de "encostos", "demandas", nada impede que se dirija primeiro ao consultório e depois ao terreiro, ou vice-versa: trata-se de uma estratégia que combina, conforme o caso e as necessidades, elementos de uma e outra prática. O mesmo se poderia dizer de decisões tomadas no seio da família, estabelecendo quem precisa ingressar no mercado de trabalho a fim de complementar o orçamento doméstico ou quem não deve interromper sua carreira escolar por ter "boa cabeça para os estudos": tais decisões enquadram-se numa estratégia que busca combinar rendimentos insuficientes com necessidades definidas de acordo com uma escala de prioridades. Situações análogas ocorrem no âmbito da religiosidade popular, da moradia, do lazer. Também nesses campos é possível perceber a presença de soluções que combinam um passado rural com o presente urbano, práticas tradicionais com técnicas modernas, antigos folguedos com as novidades da indústria cultural.

Apesar do interesse despertado ultimamente pelas condições de vida das populações dos bairros periféricos, suas associações e movimentos reivindicativos, existe, entretanto, toda uma realidade que fez parte do cotidiano dessas populações, mas que normalmente escapa às atenções e foge do interesse político imediato: e o bar da esquina, são os clubes de futebol de várzea, as "casas do norte", os bailes populares (forrós, rodas de samba, *funk, soul),* grupos de mutirão, danças de devoção ligadas ao catolicismo rural, rituais de umbanda e candomblé, curandeiros e benzedeiras, sistemas de excursões populares, duplas sertanejas, circos, etc.

Nesta "outra realidade" — sinal e resposta a uma série de transformações induzidas pelo crescimento da cidade, ao longo e na esteira dos processos migratórios — coexistem elementos urbanos típicos ao lado de tradições que nos fazem lembrar ora o Nordeste, ora o interior de São Paulo ou de Minas Gerais. Com efeito, os deslocamentos de população para os grandes centros não envolvem apenas questões de ordem econômica, demográfica ou urbanística; para o próprio migrante, a mudança não se esgota no problema de uma maior ou menor capacidade de adaptação às exigências do trabalho urbano, mas significa alterações profundas em seu modo de vida, na forma de satisfação de suas necessidades e no aparecimento de novas necessidades. Implica, em suma, um reordenamento de todo o seu estoque simbólico. Urge, na grande cidade, reconstruir uma nova identidade, reconstituir laços de parentesco e vizinhança, acostumar-se aos equipamentos urbanos. Nesse processo, junta-se o velho ao novo, tradições rurais com valores próprios da sociedade industrial; algumas coisas permanecem, muitas se transformam, outras ainda desaparecem.

Aquelas festas, rituais, tradições populares e formas de entretenimento constituem um espaço fecundo para a análise desse processo de mudanças. A preocupação, no entanto, dos estudos que tradicionalmente ocuparam esta área, e que poderíamos denominar de "folcloristas", é outra. Descobrir festas, lendas, folguedos e objetos de antigo uso; descrever e registrar a indumentária, os gestos e instrumentos que os acompanham; preservar sua "autenticidade" e denunciar as contaminações a que estão sujeitos — eis a tarefa daqueles pesquisadores para os quais toda mudança é vista como deturpação de uma forma já fixada em sua pureza original e considerada como elemento de desagregação. Apresentam-se como defensores de uma cultura popular, mas paradoxalmente são os que mais passam atestados de óbito a essa mesma cultura, por recusar-se a assimilar suas transformações. A mudança de uma vestimenta, a substituição de um instrumento ou a adaptação de um antigo costume são vistos como sintomas da progressiva diluição das tradições populares. É, pois, uma visão estática e "museológica", que encerra a cultura como um acervo de produtos acabados e cristalizados, alheios às mudanças das condições de vida de seus portadores.

Mais relevante que lamentar a perda de uma suposta autenticidade, no entanto, é tentar analisar as crenças, costumes, festas, valores e formas de entretenimento na forma em que se apresentam hoje, pois a cultura, mais que uma soma de produtos, é o processo de sua constante recriação, num espaço socialmente determinado.

Um enfoque com uma resposta muito clara a essa questão das transformações a que estão sujeitas as tradições culturais populares, especialmente nos grandes centros urbanos, é o de certos estudos de sociologia da comunicação, que responsabilizam a indústria cultural pela dissolução das autênticas expressões da cultura popular: pessoas que tinham como referência elementos de uma cultura mais tradicional são submetidas, na grande cidade, a padrões de comportamento homogeneizados e massificantes pela ação dos *media,* instrumentos de alienação a serviço da ideologia dominante.

Cabe reconhecer que tais análises apontaram para uma questão que os "folcloristas" não levavam em conta: o aspecto da dominação. Em sua interpretação, contudo, a influência dos meios de comunicação de massas é tal que sob o impacto de suas mensagens não fica pedra sobre pedra, e o que resta não escapa à contaminação exercida pelos valores da ideologia dominante.

Em suma, as populações dos bairros periféricos são objeto de atenção e interesse quando se organizam em associações e protagonizam movimentos reivindicativos. Outras práticas, por meio das quais enfrentam o cotidiano, não são levadas em conta, ou então são consideradas obstáculos à percepção de seus interesses e a uma ação política conseqüente: sua concepção de família é tida como conservadora; suas tradições, resquícios fragmentários de uma cultura rural e pré-capitalista; seus gostos estão descaracterizados por influência dos *media*, seu lazer não passa de escapismo, sua religiosidade é fator de alienação e seus projetos de vida, tentativas frustradas de ascensão social.

Desconhecer essas formas mediante as quais se expressa seu universo simbólico ou pensá-las como irrelevantes e até mesmo como empecilhos à ação política imediata pode, entretanto, introduzir um viés na análise dos próprios movimentos reivindicativos, responsável por uma visão distorcida ou superdimensionada de seu alcance político.

Ao comentar a persistência, na classe operária brasileira, de valores como a importância atribuída à família, a preferência pela divisão sexual do trabalho em moldes tradicionais, a valorização do respeito e obediência filiais, etc., Eunice Durham observa que este fato — tido como indicador de adesão à ideologia capitalista, e de incapacidade para desenvolver uma verdadeira consciência de classe — é comumente explicado pela origem rural recente desses operários e pela influência da "ideologia" das classes médias, por meio da educação, das organizações assistenciais, dos meios de comunicação de massas. "Acredito", conclui, "que estas explicações são basicamente incorretas e que uma análise da família, feita de outra perspectiva, pode revelar aspectos extremamente importantes da ideologia dos operários brasileiros, constituindo um instrumento auxiliar valioso para a compreensão das orientações políticas e dos movimentos sociais populares" (Durham, 1980a, p. 202).

A autora dirá ainda que aquilo que do ponto de vista da sociedade como um todo ou do ponto de vista restrito do capital é a reprodução da força de trabalho, da perspectiva do trabalhador é a realização de um modo de vida, e conclui que a valorização "tradicional" da família "não resulta, entretanto, de um irracional apego ao passado, mas de uma apreciação adequada, dentro da ótica e dos limites da situação vigente, das condições de vida dos trabalhadores" (Idem, ibidem, p. 209-10).

Não cabem dúvidas de que as condições de existência dos trabalhadores não podem ser pensadas fora da estrutura social e econômica nas quais se encontram inseridos, nem à margem de um ordenamento político onde não ocupam, precisamente, as posições decisórias. E sua maneira de interpretar essas condições de existência, seus valores e sua prática cotidiana não ficam alheios àquelas injunções. Mas referi-los só e diretamente à dominação do capital, à influência da ideologia dominante, pouco acrescenta ao conhecimento de uma série de mediações que escapam a essa simplificação reducionista. Penso, como a autora mencionada, ser necessário renovar a análise e começar a estudar os fatores culturais que, aparentemente sem relevância política, não podem ser descartados se se quer compreender os valores e reais condições de vida dos trabalhadores.

PROPOSTA DE ANÁLISE E ESCOLHA DO OBJETO

Os estudos tradicionais sobre a ideologia das classes trabalhadoras privilegiam sua condição de trabalhador, isto é, partem de sua inserção na estrutura produtiva, analisam sua participação em movimentos que têm como centro a fábrica e sua militância em sindicatos e partidos políticos, habituais instrumentos de ação política e reivindicativa.

O enfoque que propomos, entretanto, supõe outro ponto de partida. Frente ao universo do trabalho, já subjugado pela lógica do capital que tenta programá-lo inteiramente, existe um espaço regido em parte por outra lógica, e aberto ao exercício de uma certa criatividade: a vida familiar, o bairro, as diferentes formas de entretenimento e cultura popular que preenchem o tempo do lazer.

Esta criatividade é relativa, pois seu exercício é determinado e limitado por uma série de fatores estruturais que constituem a rede de relações sociais, políticas e econômicas em que os trabalhadores estão imersos e que incidem em sua maneira de pensar, falar, agir e situar-se frente a outros grupos e instituições sociais.

Não estamos, é claro, diante de comunidades isoladas, relativamente fechadas sobre si mesmas, com um corpo de rituais e com uma explicação da natureza e de seus próprios processos sociais contida num conjunto mais ou menos estável de mitos, como os povos primitivos estudados pela antropologia clássica. As populações dos bairros da periferia dos grandes centros urbanos são em sua maioria constituídas por trabalhadores de baixa renda, de origem rural recente ou remota, inseridos de diferentes maneiras no aparelho produtivo capitalista, sujeitos à ação dos *media* — membros, enfim, de uma sociedade complexa, nela ocupando, não sem conflitos, os últimos escalões da estratificação social.

Nessas condições, não se pode esperar que seu universo simbólico seja um todo coerente e unitário. Pelo contrário, apresenta-se como um conjunto fragmentado de normas e valores onde coexistem tradições de origem rural, crenças religiosas, conhecimentos empíricos, valores próprios da sociedade industrial.

Mas se as diferentes formas através das quais os trabalhadores pensam, dispõem e organizam o espaço do cotidiano, das relações familiares e de vizinhança, do lazer, estão marcadas pelas condições de existência numa sociedade atravessada pelas relações de poder, por outro lado colocam questões que não podem ser esclarecidas no interior de uma concepção de ideologia estruturada exclusivamente em torno da experiência de trabalho.

Preferimos, pois, partir de outro lugar, privilegiando outras determinações, comuns tanto aos trabalhadores de setores mais avançados da economia, como aos de ramos tradicionais, ou ainda aos de vinculação precária no sistema produtivo: vivem nos mesmos bairros periféricos, participam do mesmo universo restrito de consumo, concorrem aos mesmos lugares de entretenimento, participam das mesmas associações comunitárias.

Partir do lazer e não do trabalho pode ainda parecer pouco ortodoxo e sujeito a reservas: o lazer está nos antípodas daquilo que se considera o lugar canônico da formação da consciência de classe, ocupa uma parte mínima do tempo do trabalhador e não apresenta implicações políticas explícitas. Atividade marginal, instante de esquecimento das dificuldades cotidianas, lugar enfim de algum prazer — mas talvez por isso mesmo possa oferecer um ângulo inesperado para a compreensão de sua visão de mundo: é lá que os trabalhadores podem falar e ouvir sua própria língua.

A organização da vida familiar, as relações de vizinhança, as formas de entretenimento e cultura popular podem constituir, pois, uma realidade até mesmo privilegiada para emendar alguns aspectos das orientações políticas e dos movimentos sociais populares. A permanência de suas estruturas, a periodicidade de algumas celebrações e seu significado para a comunidade fazem desse espaço o depositário de aspirações quase sempre adiadas mas continuamente renovadas no interior desses centros de reprodução do imaginário popular.

A ESCOLHA DO CIRCO

Entre as múltiplas formas de entretenimento existentes nos bairros populares dos grandes centros urbanos destaca-se uma, muito difundida também nas pequenas cidades do interior e que, dadas suas características, constitui um ponto de partida particularmente interessante para os objetivos que este trabalho se propõe: é o circo.

O número de circos que perambulam, hoje, pela cidade de São Paulo e seus arredores oscila entre cem e cento e cinqüenta. Alguns deles — de grandes dimensões, conservando elementos da antiga arte circense, como números eqüestres, animais amestrados, malabaristas, acrobatas, etc. — são dotados de infra-estrutura e meios técnicos que permitem a apresentação de espetáculos luxuosos e variados, possibilitando ademais longos períodos de permanência num mesmo local. A grande maioria, porém, é constituída por circos-teatros e de "variedades", de pequeno e médio porte, que conservam do circo convencional a mesma estrutura de organização, a forma física (o toldo de lona, as arquibancadas) e a tradição do deslocamento periódico. Nestes, o espaço do picadeiro é geralmente ocupado por cadeiras e, na direção oposta à da entrada, levanta-se o palco. O tempo de permanência numa cidade ou bairro depende de sua capacidade de atrair o público, isto é, no caso dos circos-teatros, da qualidade e principalmente da diversidade de dramas e comédias de seu repertório, pois, diferentemente das companhias de teatro convencionais, cada função apresenta uma peça diferente. Os circos de "variedades" são os mais pobres, e o espetáculo que oferecem consiste em alguns números de malabarismo, contorcionismo, mágicas, bailados e pequenas representações cômicas. Outro fator de atração, tanto nos circos-teatros como nos de "variedades" é a presença de comediantes, cantores (de música sertaneja e música "jovem"), conjuntos musicais que transitam por determinados programas de televisão, rádio e gravadoras e, por fim, de pequenas companhias de teatro amador e infantil.

Mas o elemento central do circo-teatro — que será objeto de análise — são as representações teatrais, divididas, conforme a classificação de um ator circense entrevistado, em comédias, altas-comédias ou melodramas, chanchadas e entradas cômicas de palhaço e *clown*.

As representações de cunho dramático tematizam a migração rural-urbana, questões de terras, casos judiciais, os perigos da grande cidade, conflitos familiares, religiosos e morais. Seus atores vão buscar sua fonte de inspiração em casos verídicos recolhidos em suas *tournées,* em lendas e crenças populares, em temas de música sertaneja de sucesso, além dos romances de folhetim e de algumas peças clássicas do melodrama português, francês e espanhol. Ao contrário do gênero dramático, as representações cômicas possuem uma estrutura menos rígida, com exceção da comédia propriamente dita, onde as intervenções do cômico estão previstas no *script.* As outras formas permitem um maior grau de improvisação, incorporação das situações e incidentes criados no momento pela participação do público, alusões a pessoas do bairro presentes, a personagens conhecidas como jogadores de futebol, artistas de televisão, animadores de programas de rádio e, algumas décadas atrás, a políticos. É principalmente neste espaço onde se realiza uma recriação constante de fatos e elementos do cotidiano, através da sátira. Há ainda, antes ou depois da apresentação da peça principal, uma parte de variedades, com *sketches,* números de magia, música (cantores e conjuntos), jogos e concursos[1].

A primeira conclusão a que se chega é que esta forma de entretenimento popular, apesar da concorrência e presença da televisão, rádio, indústria do disco, etc., não foi destruída pela ação dos meios de comunicação de massas; ao contrário, não só sobrevive como ademais mantém com eles uma série de vínculos que é preciso levar em consideração[2].

Certamente se objetará: este convívio não terminaria por descaracterizar o espetáculo do circo, ou ao menos não levaria os *media* a impor-lhe seus padrões, que são os da ideologia dominante? Suas peças — sobretudo as inspiradas em letras da música sertaneja, produto típico da indústria cultural — não são acaso exemplos de discurso conservador ou conformista? Para alguns estudos na área de sociologia da comunicação, é nesse sentido que atuam os *media:* destroem as tradições populares, desarticulam o sistema de valores a elas subjacentes e tendem a substituí-los por mensagens que veiculam a ideologia dominante.

Apesar de serem estas, na maioria das vezes, as conclusões a que chegam, tais estudos tiveram o mérito de levantar uma questão negligenciada pela interpretação "folclorista", ou seja, o aspecto político, o que de uma forma ou outra representou uma mudança de estratégia na análise das manifestações de cultura popular. Em vez de avaliar exclusivamente a autenticidade ou não dos traços culturais — preocupação de um enfoque mais tradicional — o que se busca entender hoje é a existência de costumes, festas, tradições e formas de entretenimento, no contexto das condições concretas de vida de seus portadores, constituindo, deste modo, uma via de acesso ao conhecimento de sua ideologia, seus valores e sua prática social.

Dentro desta perspectiva, para alguns a cultura popular é intrinsecamente con-

[1] Do tipo: homenagem à mãe mais idosa e à mais jovem; à mãe com maior número de filhos; à moça mais bonita; ao rapaz mais feio; ao melhor par de dançarinos, etc.

[2] Podemos mencionar, por exemplo, o caso de inúmeros artistas de televisão, rádio, teatro e cinema, cujo início de carreira esteve, de um modo ou outro, ligado aos palcos dos circos-teatros, como Lima Duarte, Dercy Gonçalves, Brandão Filho, Paulo Gracindo, Ana Rosa, Henriqueta Brieba, Bibi Ferreira, Vic Militello, Jofre Soares, Costinha e muitos outros. Por outro lado, é fácil perceber, em alguns programas de televisão, a estrutura e estilo típicos do espetáculo circense; é também significativo o número de artistas de circo que incursionam pela televisão, cinema, gravadoras, e o de cantores, animadores de programas radiofônicos e cômicos da TV que se apresentam em circos.

servadora, pois expressa uma visão de mundo que reflete as condições de dominação a que estão sujeitos seus produtores e consumidores, nos planos político, econômico, social e cultural: sob a influência principalmente dos *mass-media,* as manifestações culturais populares não fazem senão reproduzir valores e padrões sociais dominantes. Outros, ao contrário, afanam-se em descobrir, nessas mesmas manifestações, indícios embrionários ou explícitos de resistência à estrutura de poder vigente — uma palavra, um gesto, uma atitude — triunfalmente exibidos como sinais de contestação.

Se a referência ao fenômeno da dominação no estudo das expressões culturais populares significa um avanço, na medida em que leva a encará-las no contexto de seu processo de produção e circulação, é preciso tomar cuidado com as tentativas de classificá-las em função de critérios que as dividem em "conservadoras" ou "formas de resistência". Sem dúvida alguma a dominação existe, as condições de vida são precárias, os rendimentos, insuficientes e os meios de comunicação de massas, poderosos: as formas de lazer e cultura popular não estão a salvo e ao abrigo desses fatores. Em alguns casos podem vir a desaparecer, simplesmente; em outros — para desespero dos saudosistas — transformam-se, "modernizam-se", incorporando elementos pouco ortodoxos. O que é visto, porém, como descaracterização, muitas vezes não é senão a única ou mais adequada resposta possível diante de determinado contexto. A maneira como se utiliza o sistema de mutirão, por exemplo, para a construção de casas na periferia, apresenta uma dinâmica em alguns aspectos diferente à dos padrões que caracterizavam o emprego desta forma de trabalho cooperativo, nas lides do campo: o recurso à mão-de-obra de parentes e vizinhos, cedida gratuitamente ou sob o regime da reciprocidade, não impede que para a realização de tarefas mais especializadas sejam contratados profissionais — eletricistas, encanadores — cujos serviços são, evidentemente, pagos.

Interpretar essa transformação apenas como resultado da influência descaracterizadora do sistema capitalista sobre um costume tradicional constitui, indubitavelmente, uma simplificação do fenômeno, da mesma forma como o seria a posição inversa, que vê na sobrevivência do mutirão um símbolo de resistência ou recusa do sistema. Ambas as interpretações, na verdade, compartilham um mesmo conceito restrito de política, que termina por empobrecer a análise, reduzindo as múltiplas mediações possíveis entre o nível do poder e a ordem do simbólico a um de seus eventuais pontos de interseção. Tais posturas relegam a segundo plano ou simplesmente descartam uma observação mais acurada da estrutura, características e efeitos peculiares das manifestações culturais populares, dissolvendo sua especificidade no denominador comum da relação imediata com o poder.

É aqui onde a tradição dos estudos antropológicos sobre fenômenos culturais torna-se particularmente esclarecedora. As complicações aparentemente desnecessárias de muitos costumes, o leque de variações de determinados ritos e a gratuidade de certos gestos — e que o antropólogo registra como o aspecto lúdico da cultura — não são desprovidos de sentido e interesse pois estão ligados a situações concretas da vida de seus portadores e constituem outras tantas vias de acesso a um melhor conhecimento de sua rede de relações sociais.

Antes de concluir, portanto, pelo caráter conservador ou contestatário das manifestações de cultura e entretenimento populares, é preciso estar atento para os significados de que estão investidos. O fundamental é fixar-se menos numa suposta clareza ideológica — afinal, não são nem pretendem ser programas partidários — e mais na lógica que preside e sustenta os fragmentos aparentemente contraditórios dessa verdadeira bricolagem que é chamada cultura popular.

Talvez um exemplo possa transmitir, de maneira mais concreta, esta forma de abordar os fenômenos culturais populares e de lazer[3].

Uma vez por mês realiza-se no salão de festas da Sociedade Esportiva Palmeiras, em São Paulo, um baile freqüentado quase que exclusivamente por jovens negros. É o *Chic Show*, onde se dança *funk, soul,* "disco", ao som e às luzes de sofisticada aparelhagem eletrônica e que cada vez apresenta ao vivo um artista negro brasileiro (Gilberto Gil, Tim Maia, Jorge Ben, etc.) ou norte-americano (James Brown, Sylvester, Bo Horne e outros). O *Chic* é todo um acontecimento, para o qual os jovens se preparam a rigor: trajes clássicos ou exóticos, sempre vistosos, originais penteados, tranças, adereços.

Um baile, uma festa, uma forma de entretenimento, enfim, distante de qualquer coisa parecida com uma reunião ou ato político. Para alguns — inclusive membros politizados da comunidade negra — uma tremenda alienação: música de consumo norte-americana, apelo ao consumismo, organização e exploração tipicamente capitalistas ou, o que é pior, conivência com a repressão propriamente dita que se manifesta na minuciosa e humilhante revista policial à entrada. Outros, ao contrário, vêem na infinita variedade dos penteados *black* e na própria música a evocação do movimento de afirmação do negro norte-americano.

Mas para a maioria dos freqüentadores do *Chic Show* — alheios a essas controvérsias — existem outros significados e outras regras. A primeira e mais importante é — a sós, aos pares, ou em grupos — dançar. A coreografia que exibem indica ademais que ensaiam, que se preparam porque o baile é antes de mais nada um multiespetáculo que se dão a si mesmos: ora como protagonistas, no salão, logo

[3] O que segue foi elaborado em parte com algumas das informações contidas no trabalho *Chic Show*, de Elen Garcia de Figueiredo Tostes, Maria Aparecida Pinto Silva, Marcos Paranhos Penteado Filho e Renato José de Sales. Campinas, mimeo, 1981.

depois como espectadores, nas passarelas, apreciando o movimento, e assim sucessivamente. O convidado especial da noite, o cantor — por mais famoso que seja — é apenas uma atração a mais. Detalhe, inclusive, que certa feita — numa apresentação de Gilberto Gil — não foi respeitado por jovens brancos que lá compareceram para o *show*, para ouvir o cantor. Chegaram, sentaram-se na pista de dança, e ruidosamente começaram a exigir a presença do artista que normalmente aparece quando o baile está no máximo da animação, e que ademais não se interrompe. Choque de códigos, e tão real que chegou ao conflito, não por causa da presença de brancos, mas porque estes queriam o *show* e não entenderam o *chic*. Noutra ocasião — e em outro baile, o *São Paulo Chic*, que apresenta as mesmas características — quando um membro da comunidade negra começou a estender demasiado sua arenga sobre a afirmação da raça, foi sonoramente vaiado. Também ele estava rompendo a regra básica — impediu a dança — que mais do que qualquer discurso por si só construía, articulada às demais significações que ali se produziam, um espaço concreto e palpável de afirmação.

O *Chic Show*, pois, constitui um acontecimento denso de significações não porque se proponha a afirmar a negritude como prática política de forma direta e explícita, mas porque elabora e exibe sinais que permitem um reconhecimento, delimitam um espaço, estabelecem uma identidade e marcam diferenças entre "nós" e "eles". Produzem, em suma, significados, e esses significados geram efeitos concretos: por outros caminhos termina-se assumindo e afirmando a negritude.

Penso que esta forma de encarar as manifestações de entretenimento — analisando os significados que possuem para seus produtores e consumidores, os efeitos sociais que provocam, o contexto em que ocorrem — supera as limitações da abordagem meramente "folclorista" de alguns estudos, e a excessiva politização de outros. Vejamos, então, o que ocorre com o objeto inicial desta pesquisa, o circo: a título de reconhecimento do terreno, uma descrição de sua organização, funcionamento e de um espetáculo.

O CIRCO: DESCRIÇÃO GERAL

"— Hoje tem espetáculo?
Tem sim senhor.
— Às oito da noite?
É sim senhor.
— Hoje tem marmelada?
Tem sim senhor.
— Hoje tem goiabada?
Tem sim senhor.
— E a moça na janela?
Tem cara de panela.
— E a negra no portão?
Tem cara de tição.
— E o palhaço, o que é?
É ladrão de muié.

Ó raio, ó sol, suspende a lua!
Viva o palhaço que está na rua!"

A EMPRESA

Ainda que a chegada de um circo não seja mais anunciada nos bairros de São

Paulo pelo ruidoso séquito da molecada que nas cidades do interior tradicionalmente acompanhava o palhaço cantando esses versos, o aparecimento repentino do imenso toldo de lona num terreno desocupado não deixa de despertar a atenção e de alterar, momentaneamente, a paisagem e a rotina do bairro.

Nômade por natureza, o circo nunca se estabelece definitivamente num lugar: seu tempo de permanência varia entre uma semana e dois meses, dependendo de uma série de fatores, como a extensão do repertório, condições climáticas, boas relações com os moradores, movimento de bilheteria. Quando, por alguma dessas razões, decide-se abandonar o bairro, um funcionário do circo, o "secretário", já fez sua pesquisa e traz uma ou duas alternativas de "praças" onde o circo pode instalar-se. No caso do Circo-Teatro Bandeirantes, essa função é desempenhada por Onofre Gazzola, que também e ator:

"[...] O Gazzola está sempre andando, sabe, fazendo publicidade. Então ele, quando vê um terreno bom, assim interessante, então ele vem e fala. Então nós vemos juntos depois. Então aí o Gazzola procura informar-se quem é o dono do terreno, então nós vamos falar com o dono, entrar em entendimento, pagar o aluguel, às vezes não paga, e aí a gente instala o circo. Vai na Light, pede ligação da luz e instalamos o circo. Aí fazemos uma temporada" (Marco Antonio Martini, proprietário)[1].

Em fins de abril de 1979 o Circo-Teatro Bandeirantes estava no Parque Boturuçu (Ermelino Matarazzo); em junho apresentava-se na Vila Prado (Bairro do Limão) e no dia 10 de julho do mesmo ano fazia sua estréia na Vila Ipojuca (Lapa). Se o terreno é da Prefeitura, o secretário dirige-se a Administração Regional; se o proprietário é um particular, trata-se de localizá-lo e combinar o aluguel. Muitas vezes o proprietário cede o terreno em troca das tradicionais "permanentes" pare ele e sua família, que lhes permitem assistir gratuitamente a todos os espetáculos da temporada. Em outros casos o proprietário cede o local em troca de melhorias no terreno, como nivelamento, limpeza, etc.

O fornecimento de energia elétrica fez-se mediante um depósito na companhia de eletricidade, havendo devolução no caso de o consumo ter sido inferior. A água normalmente é cedida pelos vizinhos em troca das "permanentes" e o gás é adquirido nos caminhões de distribuição.

Armar o circo é tarefa que requer de dois a seis dias, conforme suas dimensões, a quantidade de pessoas que residem nas barracas, o número de "peludos" (empregados que se dedicam a montagem e desmontagem) de que se dispõe, e do sistema de transporte. O Circo-Teatro Bandeirantes possui dois caminhões e um jipe, para transporte e propaganda. Este circo — antigo "Circo Tonico e Tinoco" — é atualmente de

[1] Vargas, 1981. Este e outros trechos de entrevistas que seguem, além de algumas informações contidas neste capítulo, foram obtidos no Departamento de Informação e Documentação Artísticas, da Secretaria Municipal de Cultura de São Paulo, que entre 1976 e 1977 realizou uma pesquisa sobre circos, sob a coordenação de Maria Thereza Vargas. Os resultados deste trabalho foram publicados em 1981 com o título de "Circo, espetáculo de periferia". A referência Vargas, 1976, significa que o trecho citado foi colhido durante a pesquisa mas não consta da publicação posterior.

propriedade de Marco Antonio Martini, que é também sua principal atração como o palhaço "Chico Biruta". Marco Antonio nasceu em circo, desempenhando seu primeiro papel aos sete dias de idade, como filho abandonado às portas de um convento. O elenco permanente é constituído por dezesseis artistas (entre atores, cantores e músicos) e seis funcionários.

O Circo-Teatro Bandeirantes e considerado grande, na categoria dos circos-teatros: mede 30 m *x* 40 m com uma lona de 1.300 metros, sustentada por dois mastros centrais e 23 laterais. O espaço que nos circos chamados "de atrações" (com malabarismo, contorcionismo, animais amestrados, números aéreos e eqüestres) é ocupado pelo picadeiro, destina-se ao setor das cadeiras, separado das arquibancadas por uma grade de ferro. Tem capacidade para 2.000 pessoas, aproximadamente. Ao lado da entrada, situa-se um pequeno bar, montado sobre um *trailler,* que é administrado pela mãe de Marco Antonio, também artista circense. No lado oposto ao da entrada, ergue-se o palco retangular, que avança alguns metros sobre a parte central. Uma escada permite o acesso do setor das cadeiras ao palco, terminando com a campânula do "ponto". Do teto pende um microfone (que obriga os atores a situarem sempre no meio do palco para as falas mais importantes) e no fim das arquibancadas, ladeando o palco, duas caixas de som. As cadeiras são de acrílico e as arquibancadas de madeira, unidas entre si por junções de ferro, e apoiadas sobre cavaletes ou "cruzetas".

Já o "Circo do Chiquinho" (que percorre habitualmente a região do ABC) é menor: suas dimensões são 18 m *x* 24 m, com 400 metros de lona, e sua lotação é de 800 pessoas. Entre funcionários e artistas conta com quinze pessoas; três famílias moram no próprio circo e outras três possuem casa fixa.

A lona é um dos equipamentos mais preciosos do circo. Só pode ser retirada quando está seca, pois se é enrolada úmida, há o risco de combustão em virtude da presença de elementos químicos empregados no processo de tingimento e impermeabilização. Há oficinas especializadas em sua confecção; muitas vezes, porém, é elaborada pelo próprio pessoal do circo. Sua durabilidade é variada: no Circo-Teatro Bandeirantes, a que mais resistiu durou dois anos e meio.

Enquanto dura a montagem da estrutura física do circo e das barracas que servem de moradia para as famílias que se deslocam com ele, fez-se a propaganda inicial por todo o bairro, anunciando para tal dia a primeira função. Em sua estréia na Vila Ipojuca, no dia 10 de julho de 1979, o programa do Circo-Teatro Bandeirantes constava de *show* — "Milton César, o cantor-galã de fama internacional" — e do "belíssimo drama Coração Materno". Neste dia, o proprietário dirige-se ao público (e aos moradores em geral) anunciando a abertura da temporada e o caráter dos espetáculos, "de família para as famílias deste respeitável bairro".

O espetáculo, que tradicionalmente começava às 20h45, inicia agora entre 21 horas e 21h15, para evitar a superposição com a telenovela das 20 horas. Os preços não são fixos: dependem do bairro e do programa anunciado. Quando há uma atração especial, como no caso da estréia do Circo-Teatro Bandeirantes na Vila Ipojuca — que contava com um artista já conhecido do público através de discos e da televisão — os preços são mais elevados: Cr$ 70,00 (cadeiras); Cr$ 50,00 (geral); Cr$ 20,00 (crianças). Durante a semana, com programação só a cargo do elenco da casa, a tabela era: Cr$ 30,00 (cadeiras); Cr$ 20,00 (geral); Cr$ 10,00 (crianças); senhoras e senhoritas, grátis[2].

Além da publicidade que se faz habitualmente percorrendo as ruas do bairro para anunciar o espetáculo da noite, o circo põe em prática uma série de mecanismos destinados a atrair o público. Um deles é o clássico e já citado "senhoras e senhoritas grátis", durante a semana, que por um lado atrai a presença de público pagante masculino e por outro lado estimula o comparecimento de familiares, namorados, etc. nos espetáculos do fim de semana, mais caros. As crianças — que colaboram com a montagem do circo — também servem de veículo de propaganda entre suas famílias. Outro mecanismo é a realização de sorteios, concursos, sendo os brindes oferecidos pelo comércio local: blusas, calças, rádios a pilha, casacos, etc., ou então entradas grátis para o espetáculo de sábado. No Circo-Teatro Bandeirantes, em sua temporada na Vila Ipojuca, a entrega dos brindes era acompanhada pela propaganda da casa patrocinadora, chegando-se até mesmo a realizar um desfile de modas, a cargo das filhas do proprietário do "Salão da Lapa" e loja "Dancing Days", exibindo os modelos à venda nesses estabelecimentos. Esta relação entre o circo e o comércio da Lapa, no caso, é fruto do trabalho do "secretário", Onofre Gazzola. A propaganda de rua em geral fica sob responsabilidade do bilheteiro.

O espetáculo divide-se normalmente em duas partes. Na primeira, leva-se a representação anunciada, drama, comédia, drama de terror, etc. A segunda parte é constituída por um *show* com músicos, cantores e bailarinas da casa. No "Circo do Carlito", entre o teatro e o *show*, há uma parte de "variedades", com malabares, acrobacia, números com o palhaço, sobre um picadeiro móvel. Nos circos que não apresentam esses números, além do *show* realizam-se jogos, concursos, com sorteios de prêmios (oferecidos pelas lojas do bairro, como patrocinadores). O público é chamado a participar dos folguedos, que incluem adivinhações, "travalínguas", danças, brincadeiras "de salão", etc., destacando-se a participação das crianças e moças. No

[2] Preços de julho de 1979.

sábado e domingo a distribuição interna do espetáculo varia; na primeira parte, *show* com a atração anunciada: duplas caipiras, cantores de sucesso, comediantes, etc. (Os Trapalhões, Milton César, Tonico e Tinoco, Agnaldo Timóteo, Sérgio Reis, Leo Canhoto e Robertinho, Sidney Magal, etc.) O teatro passa, então, para a segunda parte. Aos domingos, às 16 horas, realiza-se a *matinée* com peças infantis *(Chapeuzinho Vermelho, Sítio do Picapau Amarelo,* etc.), concursos e brincadeiras. Quando se comemora uma data especial, como o Dia das Mães, realizam-se homenagens "à mãe mais idosa presente", "à mãe mais jovem", "à mãe com maior número de filhos", etc., com distribuição de brindes. Nesses dias, é obrigatória a encenação de, por exemplo, *Mãe, o Amor mais Puro,* ou — no Dia dos Namorados — *O Céu Uniu Dois Corações: O Drama dos Namorados,* e, na Semana Santa, *Paixão e Morte de Nosso Senhor Jesus Cristo*[3].

O repertório é bastante extenso[4]. O Circo-Teatro Bandeirantes, de acordo com seu proprietário, tem condições de permanecer dois meses numa praça sem repetir uma só peça. O Circo do Carlito, com vinte funcionários e artistas, pode encenar 55 peças diferentes; o Circo American possui um repertório de oitenta peças. Segundo Juanito, do Circo do Chiquinho, o repertório circense é constituído por mais de 200 peças. No caso deste circo, o artista dá uma visão de sua versatilidade:

"Nós estivemos no Parque Santa Madalena por duas oportunidades dentro de cinco meses. Nós fizemos uma temporada de 55 espetáculos. Depois fomos no Iguatemi e fizemos mais 52, depois no Oratório, 36; João Ramalho, 35. Aí passamos por uma vila onde não ficamos mais devido à situação do terreno, que era muita água, então formava um barro com mau-cheiro. Aí voltamos a Santa Madalena novamente e fizemos mais 40 espetáculos, batemos o record: são 95 espetáculos dentro de cinco meses em um bairro só, Santa Madalena" (Juanito, Circo do Chiquinho, Vargas, 1976).

Destacam-se as peças que foram criadas a partir de alguma música de sucesso, principalmente sertaneja: *Coração de Luto* (Teixeirinha); *A Vingança do Chico Mineiro, Mamãe, Mamãe, ou Tua Mãe Honrarás, Cabocla, Tentação do Vício, Mão Criminosa, Nós e o Destino* (Tonico, da dupla Tonico e Tinoco); *O Ébrio, Coração Materno* (Vicente Celestino), etc. João Salvador Peres, o "Tonico", é autor de vinte peças mais, além das já citadas.

[3] "Em versos alexandrinos", conforme a propaganda do Circo-Teatro Biriba, em São Mateus do Sul, cidade do interior do Paraná, em 1978.

[4] Algumas peças: Dramas: *Vendaval de Paixão; O Crime de Tobias; Cabocla Teresa; Lar Infeliz; A Marca da Ferradura; Tristezas do Jeca; Jurema; Maconha, o Veneno Verde; O Céu Uniu Dois Corações; Pelo Pouco que se Vive; Três Almas para Deus; Cristo, Mártir do Calvário; O Corcunda de Paris; O Filho Monstro; Jesus na Casa do Pobre; Os Milagres de Nossa Senhora Aparecida; Mágoas de Palhaço; Velho Pai; O Caboclo; A Canção de Bernadette; O Mundo Não Me Quis; O Castigo do Céu; Confissão; Tinta sobre a Carne; O Belo Juliano; O Sonho; O Moço Bonito; A Carta; O Bandido da Serra Morena; Coração de Luto; Coração Materno; A Maldição do Lobisomem; A Vingança do Chico Mineiro; Mão Criminosa.*
Comédias e chanchadas: *Que Mãe Que Eu Arranjei; Chica Boa; Uma Mulher para Dois Maridos; Marido Número 5; Cara Suja; O Tigre; Mãe de Família; Quando o Divórcio Vier; O Tamborim; O Defundo Fresco; Chico Biruta, O Barbeiro de Vila Ipojuca; O Inventor Maluco; A Menina Virou; As Duas Angélicas; A Bomba Atômica; O Casamento do Chiquinho; Frankenstein; O Conde Drácula; O Pistoleiro da Garrucha Torta; São Miguelinho ou Sombra; O Banco Pegou Fogo; A Morte do Cozinheiro; O Caveirinha; O Doutor Redondo; Um*

ORGANIZAÇÃO INTERNA

A estrutura do circo repousa na família extensa do proprietário, ou então do empresário, quando é arrendado. Esposa, filhos, nora, genros, netos constituem a base da atividade circense, fornecendo a principal mão-de-obra tanto pare o setor artístico (atores, músicos, bailarinas, malabaristas, etc.) como para as outras funções (secretário, capataz, bilheteiro, porteiro, ensaiador, ponto, cenógrafos, eletricistas, etc.) as quais na maioria das vezes são desempenhadas por poucas pessoas, acumulando as tarefas. No entanto é preciso muitas vezes recorrer a pessoal de fora, ou porque alguns filhos não seguem a carreira dos pais, ou então porque adquirem seu próprio circo. As lacunas, assim, devem ser preenchidas no mercado de trabalho peculiar dessa atividade. É fundamental, por exemplo que alguns atores (o palhaço, o vilão, a "cínica", por exemplo) pertençam à família-base do circo, pois é sobre eles que o espetáculo se sustenta. A política de contratações é privilégio do proprietário/empresário, sendo várias as formas de arregimentação da força de trabalho. Uma delas é pela atração que o circo exerce nas praças por onde passa:

"Eu sempre gostava de circo, desde menino. Quando a gente é menino e vê o circo a gente sempre gosta, né? Então o circo passou por lá — aquela época era o Santa Isabel. Ele passou lá, eu peguei e acompanhei o circo. Sempre gostei... deixei a família. Meu pai pegou e vendeu o sítio, né? Então eu falei: 'Ele não vai mais ocupar eu aqui, então eu vou acompanhar o circo'. Ele concordou e eu fui" (Eusébio Gomes Prieto, Circo do Chiquinho).

Outro caso de atração e fuga com o circo é o de Onofre Gazzola, "secretário" e ator do Circo-Teatro Bandeirantes, que abandonou a família com onze anos para seguir uma companhia circense. No caso de artistas já conhecidos, a amizade com um proprietário é fator de aproximação e posterior contratação:

"Mas, com a junção do Carlito, um dia ele precisou de uma dama e foi lá em casa. Ele era muito bom, era nosso amigo. — 'A senhora me quebra o galho, vai lá, fez um papelzinho... e coisa e tal', e eu vim fazer *O Céu Uniu Dois Corações* pra ele, de cara! Fazia muitos anos que eu não trabalhava e daí não sai mais, apesar da minha recusa e aquela coisa, e não, que não e ele não me abandonou mais" (Lourdes Leal, Circo do Carlito).

Armazém de Pancada; Os Fugitivos do Cemitério; Te Cantei; Dona Frouxa e seus Seus Três Maridos: Chico Biruta Mãe de Família.

Uma outra modalidade é o encontro entre proprietários e artistas no Largo do Paiçandu, no local onde até o ano de 1978 funcionava o bar "Ponto Chic", chamado também "O Café dos Artistas". O "Ponto Chic" existia há 55 anos, mas há seis anos tornou-se o ponto de encontro dos circenses, às segundas-feiras (que é o dia de folga dos artistas de circo) e terças-feiras. Com o fechamento do tradicional bar, os seus freqüentadores deslocaram-se para a esquina da Avenida São João, na frente de outros bares que ali se situam[5]. Em toda a extensão do passeio, quase até a Avenida Ipiranga, podem ser vistos velhos artistas que se encontram para um bate-papo, proprietários de circo em busca da atração para o próximo sábado, cantores de música sertaneja e música jovem, representantes de artistas já famosos, atores recém-chegados do interior procurando uma colocação, mágicos, ventríloquos, fabricantes de lonas, máscaras, etc.

"Ele chega aqui e se informa, né? Por exemplo: um artista, ele vem lá do Paraná, ele chega aqui e se informa: — 'Quem é que está precisando de um artista? Faço arame, no caso...' Então ele pergunta pra mim, pra outro, a gente informa, e então ele vai ao dono do circo que precisa ele e imediatamente está contratado. Ele pergunta pra qualquer um e indica — 'Olhe, aquele lá é dono do circo'. Então aquilo se transforma numa... é um rodízio de negócio e há uma união, muito bacana" (Etelvina Galvão, Circo Arco-Íris).

O proprietário decide também o nível dos salários, que são pagos semanalmente:

"[...] pois é, aproximando é... por exemplo, nós temos artista lá que ganha 500 contos por semana, né, tem outros que ganha 300, casal lá que ganha 600 por semana, tem os camarada lá que carrega caminhão, esses ganha 200 contos por semana. É um salário livre de despesa, não é, porque o artista de circo, eles são todos autônomos, e então tem essa facilidade também"[6].

Os contratos são verbais e o vínculo empregatício não inclui assistência médico-hospitalar, aposentadoria. Os artistas circenses são considerados autônomos e alguns são registrados como motoristas, comerciantes, etc.

Algumas responsabilidades do proprietário são divididas com o "secretário", como, por exemplo, a determinação do preço dos ingressos, que depende de uma verdadeira pesquisa de mercado no bairro onde o circo se instala:

"Às vezes a gente chega num bairro e procura saber como é que está, se está bom de dinheiro. Então a gente vai nas casas comerciais — eles já estão mais ou menos a par, eles já informam pra gente, então a gente experimenta cobrar um pouquinho mais caro. Se acauso ver que deu resultado, então fica naquele preço. Nos bairros mais centrais, bairro mais no centro, vamos dizer, então é o bairro que a gente pode cobrar um pouquinho mais, que é o bairro que quase todo o mundo tem carro, então eles têm mais dinheiro, é bairro que a gente pode cobrar um pouquinho mais. Agora, bairro mais afastado, de condução, daí já é bairro que pode cobrar bem baratinho senão não vai ninguém no circo" (Chiquinho, Circo do Chiquinho).

[5] O "Ponto Chic" reabriu em 1981.

[6] Entrevista com João Salvador Peres ("Tonico"), quando proprietário do Circo-Teatro Bandeirantes (Vargas, 1976).

Outros fatores entram também em consideração, como a época do ano: no interior, a melhor temporada vai de maio até setembro, que é a época da safra. Na cidade, o mês de junho não é propício por causa das festas; julho, apesar do frio, é tempo de férias, então compensa. Existe também uma diferenciação durante o mês: o dia dez assinala o começo de uma maior afluência aos espetáculos, pois é a data do pagamento na maioria das empresas:

"Eles recebem o pagamento, as moças, as senhoras gastam na feira e os homens, que sobra um pouquinho podem vir no circo. Mas quando passa o dia 25, a gente sente uma queda bem grande. Inclusive a gente abaixa o preço do circo pra facilitar, pra eles poderem vir" (Marionildo Benelli, Circo Paulistão).

As "atrações" contratadas para os fins de semana são pagas na base de porcentagem sobre a bilheteria (50%). Excepcionalmente se paga cachê, como foi o caso de Agnaldo Timóteo e Wanderley Cardoso, no Circo-Teatro Bandeirantes. A escolha do repertório e a das atrações são atribuições do proprietário, que as divide com o "secretário". Este último, além de encarregar-se do levantamento das próximas praças e localização dos respectivos proprietários para combinar as condições de aluguel, tem como função obter das autoridades os documentos que autorizam o funcionamento do circo: registro na Junta Comercial, alvará da Prefeitura e um laudo técnico fornecido pela polícia.

As demais funções geralmente são acumuladas em algumas poucas pessoas. Figurinos, cenografia, eletricidade, portaria, bilheteria, ponto, ensaiador ficam a cargo de quem tem alguma habilidade, ou de quem está disponível no momento.

"Cenário é o seguinte: geralmente no circo tem um que sabe pintar, sabe? Aqui no circo o cara tem que ser dos sete instrumentos. Faz-se de tudo um pouco, então sempre aparece um que sabe pintar. Então a gente reforma aquele, o cenário da casa velha, já todo descorado, então pinta outra vez: daquele cenário da casa velha se faz uma casa rica, se faz um bosque. Geralmente tem alguém que se interessa em pintar, fazer um cenário novo" (Carlito, Circo do Carlito).

Com respeito aos figurinos, a roupa comum fica por conta de cada artista. Só os trajes e instrumentos especiais (farda, batina, revólver, espada, etc.) são fornecidos pelo circo. A figura do ensaiador, "muito importante antigamente", segundo alguns artistas mais velhos, praticamente não existe:

"Não é propriamente ensaiar, porque as peças do circo todo mundo conhece, principalmente quem trabalha em circo. Então a gente pega a peça, aponta alguma coisa que a gente lembra, alguma cena. Um ajuda e fala: — 'Ah, aquela cena era assim, eu conhecia assim'. Todo mundo ajuda, colabora com a gente. Quer dizer que a gente lembra mais. Peça que alguém não conhece, a gente já conhece, vai, e explica. A gente colabora" (Fátima de Carvalho, Circo do Chiquinho).

A montagem, transporte e desmontagem são coordenados pelo "capataz" e executados pelos "peludos" ou "amarra-cachorros", trabalhadores braçais que não realizam nenhuma atividade no palco, e que muitas vezes são contratados no próprio bairro. Com os "seguranças" acontece algo parecido: para desempenhar esta tarefa são chamados exatamente os indivíduos que nas primeiras funções se dedicaram a "aprontar". Com esta tática, possíveis desordeiros são transformados em preciosos aliados que levam muito a sério sua missão, na maioria das vezes sem ganhar nada a não ser a oportunidade de assistir a todos os espetáculos.

O ESPETÁCULO

Vila Ipojuca, Lapa. Desde que começou a montagem do Circo-Teatro Bandeirantes, há menos de uma semana, os moradores da região estão sabendo que a estréia será no dia 10, às 21h15, e que a atração principal será "Milton César, o cantor-galã de fama internacional", seguido do "belíssimo drama *Coração Materno*".

Apesar da intensa propaganda, a afluência de público não é elevada: aproximadamente 250 pessoas nas gerais e 100 no setor das cadeiras. O público está constituído principalmente por moças e crianças. Segundo Samuel, funcionário do circo que atua como "segurança", a praça é boa (central), mas vai ser preciso quebrar a resistência do público, devido à anterior presença de um "cirquinho" que não deixou boas impressões. Ademais — prossegue — é preciso considerar que é estréia, as pessoas ainda não conhecem o gabarito do Circo-Teatro Bandeirantes.

Às 21 horas levanta-se a cortina e aparece Marco Antonio, proprietário e principal atração do circo (o palhaço "Chico Biruta"), para saudar o público presente e convidar a população de Vila Ipojuca a comparecer aos espetáculos da temporada, "feitos por uma família para as distintas famílias do bairro". Surge, então, Décio Roberto, o galã da companhia, anunciando: "Senhoras e senhores, respeitável público, muito boa-noite! Com vocês, Milton César, o cantor de fama internacional, e seu conjunto Corpo e Alma...! Aplausos para Milton César!".

O conjunto — duas guitarras elétricas, bateria, saxofone, piano elétrico — começa a tocar e entra o cantor vestindo um terno rosa e camisa preta; é aplaudido com entusiasmo e algumas flores são atiradas ao palco. Seu repertório é constituído apenas por músicas românticas, que o público acompanha com palmas ritmadas. A platéia das arquibancadas é mais participante, cantando, dançando, enquanto a das cadeiras limita-se a cantar.

Entre uma série de músicas e outra, o cantor dialoga com o público: justifica sua linha temática, dizendo que "o amor é a coisa mais linda do mundo, eu acredito no amor", e, em outra ocasião, faz referências ao produtor de seu primeiro filme, Nelson Teixeira, presente no circo com toda a sua família. O público solicita a música *Mula Preta,* e o cantor atende ao pedido, dizendo que essa música faz-lhe lembrar suas origens, seu estado natal, Minas Gerais. Quando anuncia que dentro de quinze minutos vai começar o espetáculo da casa, ouve-se um retumbante "não!" nas arquibancadas. Canta, para finalizar, algumas músicas do tempo da Jovem Guarda, e sobe ao palco uma adolescente para beijá-lo. Outras se apresentam para seguir seu exemplo, mas são impedidas pelo "segurança" do circo.

Termina o *show* e reaparece Décio Roberto anunciando um breve intervalo para preparar o cenário do drama que virá a seguir, e convida todos a se dirigirem à lanchonete situada ao lado da entrada do circo.

"E o nosso espetáculo continua! E agora, o drama em três atos *Coração Materno!"* Música romântica — Ray Conniff — e começa a segunda parte.

Elenco:

Manuelzinho	Décio Roberto
Mãe Teresa	Carmilinda Ferreira
Fazendeiro	Maro Furquim
Lazinha (filha do fazendeiro)	Ana Maria Ferreira
Terêncio (sobrinho do fazendeiro)	Onofre Gazzola
Eleonora (esposa de Terêncio)	Gianini Perez
Rafael (empregado)	Marco Antonio Martini
Marocas (empregada)	Marlene Micael
Outro filho de mãe Teresa	Eurípedes Ferreira

1.º Ato: casa pobre, numa fazenda

Mãe Teresa está ajoelhada em frente a um oratório, adornado de flores, rezando (música religiosa). Entra Marocas, surpreende-se ao vê-la ajoelhada e pergunta por quem está rezando. Mãe Teresa responde que está pedindo a Deus juízo para seus filhos. Entram Manuelzinho e seu irmão, e a mãe dirige-lhes conselhos. Saem todos, para matar um porco, exceto mãe Teresa e Manuelzinho. Este é recriminado por seu namoro com Lazinha, a filha do fazendeiro, pois estes são ricos e eles, pobres. Manuelzinho não dá importância aos conselhos da mãe, que sai, entrando Lazinha, a namorada. Abraçam-se (música romântica) e Lazinha pede a Manuelzinho que jogue fora as flores do oratório, porque o aroma lhe faz mal. Manuelzinho toma as flores e sai. Entra Terêncio (o vilão) em atitude provocativa para com o público. Dirigindo-se à platéia, diz — "Chegou o homem mais bonito do Brasil!"; "Chegou o Sidney Magal" — recebendo, em resposta, sonoras vaias. Abraça Lazinha, e são surpreendidos por Marocas. Saem todos, entrando mãe Teresa, depois Manuelzinho. Mãe Teresa pergunta-lhe onde estão as flores do oratório e o filho responde-lhe que jogou fora, a pedido de Lazinha. Mãe Teresa repreende-o, e chora. *Pano.*

2.º Ato: casa rica, do fazendeiro

Lazinha e o fazendeiro, seu pai. Este censura seu namoro com Manuelzinho: — "O que ele quer é o dote!" Entra Rafael (o cômico) e começa um longo e malicioso diálogo com Lazinha a respeito de Papai Noel e seu saco de presentes. Saem todos menos Lazinha, entrando Terêncio com a mesma atitude de provocação para com o público: "— Chegou o terror das mulheres! O gostoso!" Abraça Lazinha e mostra-lhe o telegrama de sua esposa, comunicando sua próxima chegada à fazenda. Volta a hostilizar o público e sai. Entra mãe Teresa e dirigindo-se a Lazinha, pede para conversar em particular. Suplica que se afaste de Manuelzinho, que esse namoro não vai dar certo, que o que ela quer é transformá-lo num boneco, num joguete. Entra o fazendeiro e irrita-se com a presença de mãe Teresa em sua casa. Acusa-a de estar incentivando o namoro de Manuelzinho e sua filha, com o objetivo de apossar-se do dote. Expulsa-a de casa. Entra Terêncio com Eleonora, a esposa que acaba de chegar de São Paulo; ele esta contrariado com sua presença. O fazendeiro diz que certamente ela veio por causa de ciúmes de alguma moça que pode estar enamorada de seu sobrinho Terêncio. Rafael, que tudo observa, faz alusões aos encontros de Lazinha e Terêncio, atrás de uma bananeira... Dirigindo-se ao público, pergunta: — "Conto ou não conto?" E o público, em uníssono: — "Conta!" Rafael sai para buscar leite fresco para a hóspede e volta com um balde. Todos provam, com asco. — "Enganei-me", diz Rafael, "e acabei tirando o leite do boi"... Saem todos, exceto Terêncio e sua esposa, que faz uma cena de ciúmes; Terêncio a esbofeteia e Eleonora sai chorando. Entra Rafael, a quem Terêncio propõe um teste de inteligência, em primeiro lugar uma série de adivinhações, do tipo: "O homem que perde uma mão é... maneta; o que perde uma perna, é... perneta; o que perde um punho, é... (Rafael contém-se a tempo e não diz o palavrão esperado). A segunda prova a que o cômico é submetido consiste em identificar, a partir da descrição dos adereços, roupas, etc., a personagem da fantasia que Terêncio supostamente pretende usar no carnaval: Carmen Miranda, Robô, Veado. Rafael erra sempre, perdendo a aposta, até o desfecho, concluindo que "este foi o primeiro veado que me levou dois contos". Sai. Cena amorosa (música romântica) de Terêncio e Lazinha: Entra Eleonora — a música aumenta e pára repentinamente — e os surpreende abraçados. Lazinha sai, Eleonora acusa Terêncio, que a agride, derrubando-a. Volta a hostilizar o público e sai. Entra Rafael, tropeçando no corpo desmaiado de Eleonora e chama o fazendeiro, a quem Eleonora conta o ocorrido. O fazendeiro exclama que "antes preferia ver minha filha casada com Manuelzinho, filho da mãe Teresa". *Pano.*

3.º Ato: casa do fazendeiro

Entra Terêncio, à procura de Lazinha. Entram, em seguida, o fazendeiro, Manuelzinho, seu irmão e vários capangas. O fazendeiro acusa Terêncio, que ameaça agredi-lo. Rafael agarra uma enorme faca e faz Terêncio afastar-se. Encoraja-se com a faca e começa a ameaçar todo mundo, inclusive os capangas e a platéia. Todos demonstram medo e Rafael resolve fazê-los rebolar. Pergunta ao público, e a resposta é positiva: rebolam primeiro de frente, depois de costas. Eleonora permanece de pé, ao fundo. O fazendeiro finalmente ordena a Terêncio que deixe a fazenda, com a esposa; Rafael, com a faca, obriga-os a sair correndo. O fazendeiro pede desculpas a Manuelzinho e sai, acompanhado pelos capangas. Entra Lazinha chorando e abraça-se com Manuelzinho, que lhe declara seu amor. Lazinha porém, exige uma prova, e a cena prossegue a meia luz, com fundo musical, só com gestos. Lazinha pede-lhe algo, Manuelzinho sai correndo (música de fundo, "Disse um campônio à sua amada..."), mas a moça, arrependida, dá mostras de desespero. Apagam-se as luzes por um momento e aparece mãe Teresa, ajoelhada, diante do oratório. Entra Manuelzinho com um punhal, mata-a e arranca-lhe o coração. Volta correndo, com o coração nas mãos para entregá-lo à namorada, tropeça e cai (o público ri, mas imediatamente percebe que a cena é "dramática" — a música de fundo, *Coração Materno* é colocada no último volume). Ouve-se, então, a voz da mãe, perguntando a Manuelzinho se está machucado. *Pano.*

"E nesse momento, senhoras e senhores, termina nosso espetáculo. Até amanhã, se Deus quiser, pois graças a ele a vida continua!"

* * *

Este primeiro contato com o mundo do circo — mediante a descrição de sua organização e funcionamento, das áreas que percorre, de seu espetáculo e dos depoimentos de seus proprietários e artistas — permite classificá-lo como uma forma particular de cultura e entretenimento populares: diferentemente de outras manifestações tais como as festas tradicionais com suas danças profanas e de devoção ligadas ao catolicismo rústico, dos ritos da cultura religiosa negra, modas de viola caipira, etc. — feitas de forma mais espontânea e amadorística — o circo é uma empresa, com divisão de trabalho, pesquisa de mercado e um sistema de deslocamento periódico, oferecendo um produto específico, o espetáculo:

"[...] é como um comércio, um comércio comum, um comércio qualquer, não é, porque tem os seus impostos, porque está registrado, dá pra viver, ninguém fica rico de circo, assim como ninguém de barbeiro, é ou não é? Então dá pra viver, dá pra manter os artista..." (Tonico, ex-proprietário do Circo-Teatro Bandeirantes — Vargas, 1976).

É, no entanto, uma empresa pobre: seus consumidores são pessoas de baixo poder aquisitivo, os recursos são limitados, e sua capacidade de acumulação é nula. É ademais uma empresa "colada" ao público: em primeiro lugar porque seus produtores — proprietários, empresários, artistas e empregados — oriundos dos mesmos estratos sociais que esse público, participam das mesmas condições de vida. Obrigados a tocar sete instrumentos, os recursos técnicos e meios expressivos de que dispõem são limitados, o que restringe as possibilidades de uma elaboração mais apurada. Por outro lado, dirigida por "especialistas", não se distancia de sua platéia, cujos gostos e preferências determinam o caráter do espetáculo e que ademais participa dele ativamente:

"[...] o espetáculo é... pro nosso público, pro nosso povo, é aquilo que eles gosta, aquilo que eles vão lá, dão risada e comenta no outro dia. Eles leva mais dois ou três companheiros, então a gente não vai assim, atrás dessas grandes peça, esses teatro, esses diálogo, a gente faz aquilo que o povo gosta" (Tonico — Vargas, 1976).

Os elementos que constituem esse espetáculo não são desconhecidos do público, pois fazem parte de seu dia-a-dia, seus costumes, seu lazer: folguedos de antiga tradição, lendas transformadas em peças teatrais, os "produtos culturais" dos meios de comunicação de massas, etc.

O circo, dessa forma, situa-se a meio caminho entre a indústria cultural e as manifestações espontâneas, mas não é simplesmente um repetidor de uma e outras, pois quando delas se apropria submete-as a um processo de reelaboração, recodificação, produzindo assim um discurso que leva sua marca.

Para apreender as regras internas do código responsável por este discurso e avaliar a receptividade que encontra em seu público característico, faz-se necessário, contudo, observar mais detidamente as relações que o circo estabelece nos bairros onde se instala, e as peças que são levadas em seu palco. A partir do espetáculo que acaba de ser descrito é possível, no entanto, identificar alguns elementos que de certa forma antecipam e apontam o caminho que deve ser seguido pela análise.

O primeiro dado que chama a atenção não é tanto a presença dos meios de comunicação de massas, seja no *show* inicial, seja no drama, mas o uso que deles se faz no espetáculo: naquele, a indústria cultural está presente não apenas por intermédio das músicas apresentadas, mas pela própria estrutura do *show*, claramente marcado pelo modelo dos programas radiofônicos de auditório; a peça teatral, por sua vez, é baseada na letra de uma canção conhecida[7]. O papel da música não se limita, porém, a fornecer o tema da representação; acompanha o desenvolvimento do enredo assinalando os momentos de *suspense* e do clímax. Esta particular utilização da música, somada a uma série de indícios (como os efeitos cênicos obtidos com o jogo de luzes e ruídos, o caráter estereotipado e altissonante de gestos e falas, o caráter da trama e outros) fazem lembrar o que comumente se designa como "dramalhão" ou, com mais propriedade, melodrama. As partes cômicas, no entanto, contrastam com a linha "séria" da representação, constantemente interrompida por *gags* e referências que nada têm a ver com o desenrolar da ação. A participação do público, por outro lado, não se reduz a aplausos ou apupos: tanto o vilão como o cômico, por meio de apartes ou interpelações diretas, dirigem-se constantemente à platéia, que não deixa de responder a tais apelos. Por último, cabe ressaltar a ênfase dada ao caráter familiar do espetáculo, feito por "uma família para as distintas famílias da localidade" e as alusões ao bairro, Vila Ipojuca.

O fato de que estas e outras características sejam encontradas, de forma recorrente, na maioria dos espetáculos circenses, torna plausível perguntar quais são os elementos que estruturam esta manifestação de entretenimento popular; é o que se tentará responder nos próximos capítulos; para isso faz-se necessário, antes de mais nada, escolher os instrumentos adequados para a análise.

[7] *Coração Materno,* de Vicente Celestino. Não foi sem surpresa, contudo, que três anos após haver assistido a esta peça, na Vila Ipojuca, pude constatar que estava sendo levada pelo mesmo elenco do Circo-Teatro Bandeirantes, com outro nome — *Fuscão Preto* — na Vila dos Remédios. Marco Antonio, proprietário do circo, explica: "[...] bom, os drama a gente também muda, como o *Coração Materno* baseado naquela música do Vicente Celestino e que nós mudamos para *Fuscão Preto,* e se o Vicente sabe, ele pode *até* ressuscitar de bronca... Mas *Fuscão Preto* é uma música mais atual, de sucesso, quem é que lembra do *Coração Materno?* Aí a gente mudou, em vez daquele fim que o Décio arranca o coração da mãe pra dar pra namorada, a gente fez o velho expulsar o Terêncio e acabar com aquela cena que o Décio encontra a mãe atropelada pelo fuscão preto da Lazinha" (Trecho de entrevista, Vila dos Remédios, 1982).

QUESTÕES DE MÉTODO

UMA DAS ALTERNATIVAS possíveis para a continuidade e aprofundamento da pesquisa seria encaminhá-la diretamente para aquilo que parecia ser o elemento central do espetáculo circense: as representações teatrais. A descrição anterior, entretanto — primeiro contato, ainda de fora, com o universo do circo —, apontou uma série de pistas e indagações de que uma análise centrada basicamente nas peças não poderia dar conta: por que, por exemplo, a presença do estilo melodramático, e não outro, no drama circense? Qual o papel da comicidade? Como reage e participa o público? Que fazem os produtos da indústria cultural no espetáculo do circo?

Considerando que estas e outras questões não constituíam simples detalhes à margem dos objetivos do estudo, optou-se por montar uma estratégia de análise que permitisse ampliar e não reduzir o campo de observação; para isso, foi preciso recorrer à históra, à abordagem antropológica e também a técnicas desenvolvidas nas ciências da linguagem. Comecemos por estas últimas.

AS ANÁLISES SEMÂNTICAS

A técnica tradicionalmente utilizada nas ciências sociais quando se tratava de analisar material discursivo — mensagens dos meios de comunicação de massas, discursos políticos, documentos, obras literárias, etc. — era a análise de conteúdo[1]. Suas

[1] Sob a denominação de "análise de conteúdo" agrupa-se uma série bastante heterogênea de procedimentos que visam identificar, de maneira sistemática e objetiva, o significado de textos escritos ou verbais, e que vão desde a simples contagem do número de vezes que determinado termo aparece, até a leitura do texto com o auxílio de códigos previamente construídos (cf. Pêcheux, 1967; Querido, 1971).

limitações, porém, levaram os pesquisadores às voltas com o tema do discurso, a buscar inspiração nas ciências da linguagem.

O que se criticava fundamentalmente na análise de conteúdo era seu critério estatístico-quantitativo que, ao não levar em conta as leis que regem a produção discursiva, impossibilitava "formalizar a organização estrutural das significações contidas nas mensagens" (Verón, 1969, p. 140). Esta incapacidade de apreender a estrutura interna das significações impedia a análise de conteúdo de ir além da superfície dos textos: "[...] do caráter essencialmente quantitativo da análise de conteúdo decorre o fato de não poder dar conta senão do conteúdo manifesto das mensagens [...] pense-se, por exemplo, no domínio dos *mass-media:* canções, novelas, filmes, publicidade, etc. Para este tipo de comunicação, levar em consideração apenas o conteúdo manifesto, e não o conteúdo implícito, é deixar passar o essencial" (Querido, 1971, p. 21).

O essencial, no caso, é o "verdadeiro" significado presente no texto, mas de forma dissimulada, invisível a olho nu: só através de técnicas e métodos específicos é que se poderia transpor os limites das "manifestações de superfície" para poder captá-lo ao nível das "estruturas profundas"[2].

A questão era, pois, encontrar um método capaz de atingir o nível dessa organização implícita, e as ciências da linguagem — então gozando de inegável prestígio entre as ciências sociais — constituíram o arsenal a que se recorria em busca de instrumentais de análise. Com esse objetivo bateu-se a porta dos mais diversos autores, correntes e disciplinas, desde os precursores da análise estrutural, como os formalistas russos (1915-1930) e Vladimir Propp (1929), passando pelo clássico *Curso de Lingüística Geral,* de Ferdinand de Saussure (1916), até os mais recentes, como, por exemplo, Benveniste (1966), Greimas (1966), Chomsky (1955, 1966, etc.), Barthes (1964), Kristeva (1966), Ducrot (1972), Pêcheux (1975) e muitos outros.

A idéia de que o sentido "verdadeiro" se situava nos meandros da organização interna do texto lançou os analistas numa verdadeira roda-viva em busca de técnicas cada vez mais sofisticadas, já que as possibilidades de pôr a descoberto a significação dependiam do rigor do instrumento, de sua capacidade para separar o joio do trigo.

Esta preocupação terminou por privilegiar uma análise puramente interna do discurso, deixando em segundo plano — ou omitindo, simplesmente — aspectos extradiscursivos: suas condições de produção e recepção e o espaço social onde tais discursos circulam.

Por outro lado, como o material que servia de base para esses estudos era consti-

[2] "[...] Recordemos as análises centradas em 'descrever' a estrutura profunda de certos *corpus,* a 'forma do conteúdo' onde estaria circunscrita a ideologia: ver as análises de A. Mattelard no Chile ou de Eliseo Verón na Argentina, em momentos do *boom* que a semântica estrutural conheceu na América Latina" (Sercovich, 1976, p. 8).

tuído em grande parte por produtos dos meios de comunicação de massas, mensagens publicitárias, textos literários, discursos políticos, contos populares, etc. — ou seja, discursos fechados e organizados de acordo com as regras do gênero narrativo ou argumentativo —, prestavam-se admiravelmente à dissecação de sua estrutura. Quando, ao contrário, o material a ser estudado se apresentava de forma fragmentária e redundante, era preciso "normalizá-lo" antes de submetê-lo aos refinados mecanismos de análise, isto é, fazia-se necessário fornecer uma estrutura adequada aos fragmentos, eliminar os "resíduos", "ruídos", transformar, enfim, a matéria bruta em matéria-prima — agora sem as arestas que podiam pôr em perigo as engrenagens e a eficácia do modelo.

E aqui era, na verdade, por onde talvez escapava o essencial: a fragmentação do discurso, as redundâncias, os silêncios, o não dito, o gesto que acompanha, modifica ou substitui a palavra são tão ou mais significativos do que aquilo que é expresso discursivamente. Essa situação, muito freqüente na prática de pesquisas sobre o universo simbólico e suas manifestações, pode ser ilustrada com o exemplo já citado, de dirigentes de associações que, quando se lhes pedia a opinião a respeito de política, invariavelmente respondiam que "é coisa suja"; no entanto, para resolver os problemas do bairro, não tinham nenhum prurido em recorrer a deputados, vereadores, em busca de apoio. Neste caso, onde reside a "verdadeira" significação: no discurso que nega e desqualifica, ou no comportamento que afirma?

Isto não leva a desqualificar pura e simplesmente as análises semânticas, que apesar de tudo tiveram o mérito de chamar a atenção para um aspecto negligenciado pela análise de conteúdo, a saber, que o discurso está organizado de acordo com regras peculiares. Duas ressalvas, entretanto, devem ser feitas. Primeiro: se desvendar os mecanismos lingüísticos que regem essa organização constitui uma etapa na análise, convém recordar que todo material discursivo, verbal ou escrito, circula entre dois pólos — o emissor e o receptor — cujas características não podem ser deixadas de lado.

Por outro lado, a questão que se coloca aqui, com respeito ao espetáculo circense em geral, e suas peças, em particular, não é a de decifrar o "verdadeiro" sentido oculto nas profundezas da estrutura, e menos ainda de determinar se é "conservador" ou "contestatário", como ocorre em boa parte das análises semânticas. Ao invés de procurar saber se determinado drama, música ou fala expressam, aberta ou disfarçadamente, visões mistificadas ou "corretas" da realidade, o que se propõe é responder a uma indagação prévia: por que despertam interesse e prendem a atenção? Onde reside sua capacidade de "capturar" o público?

Formulada nestes termos, a questão exige, antes de mais nada, que se explicite o caminho que foi escolhido para tentar respondê-la: trata-se do problema da verossimilhança.

A VEROSSIMILHANÇA

Para que um circuito discursivo qualquer se complete, é preciso que haja algum tipo de adequação entre suas significações e o sistema de representações dos receptores. Em outros termos, é necessário que o discurso produza alguma ressonância junto àqueles aos quais se dirige, caso contrário nada significará, ou melhor, poderá ter sentido, mas não "fará sentido" — será inverossímil — para os receptores.

Diz-se, correntemente, que um relato qualquer é verossímil quando se ajusta à realidade; não é este, porém, o sentido com que o termo fora empregado na antiga retórica, e que está na base de suas utilizações posteriores[3].

Segundo Aristóteles, por exemplo, é verossímil aquilo que o público acredita como possível, e nesse sentido define a verossimilhança como a relação de um texto particular com outro, geral e disperso, a que denomina "opinião pública". O que está em jogo não é saber se o discurso é falso ou verdadeiro em decorrência de sua adequação com a realidade, mas se é *vero-símil,* ou seja, capaz de parecer-se à representação que se tem dessa realidade.

O que caracteriza, portanto, o verossímil, é a semelhança. "É verossímil todo discurso que está em relação de semelhança, de identificação, de reflexo com outro. O verossímil é pôr juntos dois discursos diferentes, um dos quais se projeta sobre o outro que lhe serve de espelho e se identifica com ele por cima da diferença" (Kristeva, in Barthes et alii, 1972, p. 66).

Para que se produza o efeito de verossimilhança, isto é, a relação de semelhança entre dois discursos (ou, se se preferir, entre as significações do discurso, por parte do emissor, e as representações prévias, do lado do receptor) é preciso que haja conformidade com as "leis do gênero". Assim, por exemplo, o drama possui suas próprias regras — diferentes das da comédia, ou outro gênero — e só será reconhecido como tal, pelos espectadores, se pautar-se por elas[4]. O mesmo ocorre com a novela policial. A ficção científica, os filmes de faroeste e assim por diante. Nestes últimos, em particular, e em outros casos de produtos de amplo consumo, contudo, é mais nítida a exigência de seguir os padrões estabelecidos, as "leis do gênero" já internalizadas

[3] "Um dia, no século V a.C., na Sicília, dois indivíduos discutem e produz-se um acidente. No dia seguinte comparecem diante das autoridades, que devem decidir qual dos dois é culpado. Mas como escolher? A disputa não ocorreu diante dos juízes, que não puderam observar e constatar a verdade; os sentidos são impotentes; resta apenas um meio: escutar os relatos dos protagonistas da rixa. Com este fato, modifica-se a posição destes últimos: já não se trata de estabelecer uma verdade (o que é impossível) mas de aproximar-se a ela, dar uma impressão de verdade, e esta impressão será tanto mais forte quanto mais hábil seja o relato. Para ganhar o processo importa menos ter agido bem do que falar bem. Platão escrevera amargamente: 'Nos tribunais, com efeito, as pessoas não têm a menor preocupação em dizer a verdade, mas em persuadir, e a persuasão depende da verossimilhança'. Mas por isso mesmo, o relato, o discurso, deixam de ser na consciência dos que falam um submisso reflexo das coisas, para adquirir um valor independente. As palavras não são, pois, os nomes transparentes das coisas, mas constituem uma entidade autônoma, regida por suas próprias leis e que se pode julgar por si mesma. [...]. Esse dia assistiu ao nascimento simultâneo da consciência da linguagem, de uma ciência que formula as leis da linguagem — a retórica — e de um conceito: o verossímil, que vem preencher o vazio aberto entre essas leis e aquilo que se acredita-

pelo público: não frustrar a expectativa e condição do sucesso. O que não impede, entretanto, uma certa flexibilidade na manipulação das regras, contanto que o produto continue sendo reconhecido; a quebra deliberada dos cânones e convenções é característica das chamadas obras de vanguarda e das tentativas de renovação do gênero.

A definição de verossimilhança em termos de ajuste às leis do gênero supõe não apenas que um texto determinado será verossímil na medida em que segue as normas daquele no qual se inscreve, mas também que variam os recursos estilísticos empregados para obter o efeito de verossimilhança. Barthes (1972) e Tirri (1977), por exemplo, analisam alguns mecanismos retóricos "realistas", entre os quais se destaca o que Barthes denomina de "detalhe concreto" — um objeto, uma fala, um pormenor qualquer, enfim, que não se justifica nem do ponto de vista do desenvolvimento da ação, nem para a caracterização das personagens: está ali, simplesmente, para produzir o "efeito de realidade" e o faz menos em função do seu significado do que em razão de sua presença[5].

Pode-se observar com mais clareza a existência de mecanismos produtores do "efeito de realidade" em determinados discursos que se apresentam como "transparentes", como janelas que se abrem de par em par deixando "ver as coisas como elas são". A transparência de tais discursos — que produzem a sensação de remeter diretamente à realidade — é o resultado de recursos e manobras estilísticas que ocultam suas condições produtivas (Sercovich, 1977)[6].

É o que acontece, por exemplo, em certos relatos da imprensa, em documentários da televisão, em reportagens diretas que "colhem os fatos no momento e lugar onde ocorrem". O ouvinte, leitor ou telespectador não têm acesso aos critérios de escolha do ângulo segundo o qual o fato é narrado, da seleção das testemunhas oculares, ou do processamento do material em laboratório. Alheios, em suma, ao processo de produção, fica-lhes tão-somente a impressão de estarem em contato direto com a "verdade dos fatos".

Se a verossimilhança, do ponto de vista de sua produção, é o resultado de mecanismos que operam no interior do discurso, é bom lembrar que a condição de sua realização, para o receptor, é a existência de uma relação de conformidade entre as significações expressas e o sistema de representações: como já foi afirmado, um discurso será verossímil para aqueles que de uma forma ou outra compartilham suas premissas. Vejamos, a título de ilustração, o caso da literatura de cordel.

O caráter verossímil dos folhetos reside não numa suposta capacidade de refletir fielmente a realidade, mas no fato de que sua temática e regras de produção — métri-

va ser a propriedade constitutiva da linguagem: sua referência ao real" (Todorov, *in* Barthes et alii, 1972, p. 11).

4 "Para os clássicos franceses do século XVII era verossímil (opinião comum dos espectadores da Corte e de Paris, ou seu secreto desejo, porque com o Verossímil nunca se está muito longe do Desejável...) que Pirro fosse um príncipe educado e galante, e não o rude chefe guerreiro que efetivamente deve ter sido; verossímil também (leis do gênero cômico) que uma personagem de comédia estivesse dotada de um vício único e oficial — a avareza, a vulgaridade — e que todas as grotescas desventuras em que não deixava de cair fossem a conseqüência direta deste vício [...]" (Metz, in Barthes et allii, 1972, p. 20).

5 Barthes, analisando o conto "Alma simples" de Flaubert, mostra que certos detalhes da descrição — "um velho piano, tendo por cima um barômetro, sustentava uma montanha de caixas e pastas" — ainda que absolutamente supérfluos do ponto de vista das funções, transmitem uma sensação de objetividade: "Os resíduos irredutíveis da análise funcional têm isto em comum, denotar o que correntemente se chama o 'real concreto' — pequenos gestos, atitudes transitórias, objetos insignificantes, palavras redundantes" (Barthes et alii, 1972, p. 99).
Tirri fez idêntica observação a respeito de uma cena da peça *Los Prójimos* de Carlos Gorostiza, onde o protagonista deixa-se levar por considerações sobre

ca, rimas, metáforas, sintaxe narrativa — assim como a forma de recepção (lidos ou cantados, para um grupo) são conhecidas e respeitadas tanto pelos poetas como pelos consumidores. São verossímeis para seu público porque o registro em que são produzidos se ajusta aos da recepção.

As observações de Arantes (1982) sobre a forma clássica de leitura do cordel, e sobre os motivos que levaram ao fracasso uma tentativa de transformar os folhetos em histórias em quadrinhos confirmam o que vem sendo exposto. O autor nota que, embora os poemas sejam escritos e circulem em forma impressa, eles se destinam a ser lidos em voz alta ou cantados: o próprio formato, aliás, o indica. Nas edições usuais, a única ilustração é a da capa, que serve para o comprador — muitas vezes analfabeto — reconhecer graficamente o poema que deseja adquirir. Em São Paulo uma editora tentou inovar, publicando folhetos em forma de história em quadrinhos, onde cada estrofe era acompanhada pela ilustração correspondente, em seqüência horizontal: esses folhetos não tiveram êxito, porque os compradores estavam acostumados com o texto na disposição tradicional da poesia: uma estrofe debaixo da outra. Por mais atraente que fosse, para uma leitura individual e silenciosa, a forma inovadora era inadequada para a leitura em voz alta ou cantada. O autor conclui:

"A observação dessas leituras revela que existe acordo não só entre os integrantes do público, mas também entre eles e o leitor, sobre como e em que momentos da narrativa devem-se expressar comentários. Os comentários que são feitos durante a leitura, a entonação com que se canta, as expressões e gestos do leitor são todos bastante semelhantes aos usados pelos que estão ouvindo. Por essa razão, não é suficiente ser alfabetizado para ser capaz de cantar folheto. É preciso que se saiba como fazê-lo, e fazê-lo com graça. Assim, é importante, senão essencial, que leitor e público possuam o mesmo senso de humor, o mesmo lastro social e visões de mundo semelhantes, o que também é válido para os folheteiros e poetas" (op. cit., p. 37).

O mesmo pode afirmar-se do circo: o teatro que aí se representa segue padrões temáticos e formais que são já familiares tanto para os artistas como para seu público característico. O desconhecimento desses padrões explica, por exemplo, o fracasso da peça que um grupo de estudantes encenava para operários, na cidade paulista de Osasco, com a finalidade de colocar e discutir — "numa linguagem simples e acessível" — problemas vinculados à sua condição de explorados, etc.[7]. Como os rapazes nem cogitavam da existência de uma determinada matriz teatral já internalizada, suas intenções e esforço pedagógico não encontraram aceitação — não porque seu discurso tenha sido rejeitado: sequer foi apreendido[8].

E é justamente a permanência de certos princípios estruturantes básicos o que

"a impressão de frescura que produz a cor verde do copo d'água" (op. cit., p. 4).

[6] Entenda-se essa "ocultação" no mesmo sentido em que para o falante não lhe estão presentes, no momento da fala, as regras da língua que regem seu discurso.

[7] Esta preocupação em buscar uma linguagem "simples e direta", "de fácil entendimento", etc., revela um julgamento na maioria das vezes errôneo da *performance* discursiva popular e seu gosto por palavras difíceis, termos altissonantes, utilizados menos pelo significado literal do que pelo efeito sonoro, também significativo, que produzem.

[8] Dois exemplos mais, em contextos bem diferentes: Nos idos de 1971, no Chile, a Editora Quimantú, do então governo da Unidade Popular, iniciou a publicação de revistas em quadrinhos de conteúdo político. A boa receptividade que tiveram junto ao público urbano levou os editores a fazer alguns números dedicados a problemas do campo. Contrariamente às expectativas, não houve a acolhida esperada e mais tarde descobriu-se que os camponeses sentiram-se ridicularizados nos desenhos: para eles, o recurso expressivo que produzia a "sensação de realidade" era a fotografia e não os traços estilizados das personagens. Na Argentina, outra experiência. Um grupo peronista lança, em 1974, uma revista — *Doña Robustiana* — com o mesmo formato de outra, *Paturuzú*, de ampla circulação. Aqui, o fracasso deveu-se ao contraste entre o estilo linear da narrativa de *Pa-*

explica a vitalidade e o particular estilo dessa forma de entretenimento, não obstante a heterogeneidade dos elementos que a compõem e o processo de transformações que vem sofrendo. Mais do que constatar a presença de uma estrutura, trata-se de analisar sua capacidade de incorporar aqueles elementos — que, como vimos, constituem os ingredientes do espetáculo circense — e de construir com eles um discurso verossímel.

Concluindo, cabe agora definir a continuidade da pesquisa e a estratégia de análise. Uma abordagem que se proponha a seguir o caminho que acaba de ser exposto não pode fixar-se no produto final — como seria o caso de uma análise voltada apenas para as peças — mas deve contemplar o circuito completo de realização do espetáculo circense, ou seja, seu processo de produção, por uma parte, e o contexto da recepção, por outra.

Do lado da produção, há os fatores extradiscursivos e os que operam no âmbito propriamente dito do discurso. No primeiro caso, é preciso ter em mente o que foi levantado no capítulo da descrição geral do circo. Sua organização e funcionamento, as áreas que percorre, a distribuição do espaço interno, o estilo de representação dos atores — sua capacidade de improvisação e de provocar a participação da platéia — a precariedade das instalações, a lona que não isola o ruído externo, reforçando a tendência a uma determinada entonação — eis alguns dos fatores que incidem no processo de produção do discurso circense, e que configuram um quadro muito diverso do que ocorre num estúdio de televisão ou numa sala de teatro convencional, por exemplo.

Com relação aos fatores propriamente discursivos, a análise deverá mostrar os componentes estruturais que estão na base do particular efeito de verossimilhança do espetáculo circense — tema do capítulo sobre teatro no circo — e a forma como esta verossimilhança é produzida, concretamente, nos palcos: este é o objeto do capítulo dedicado à análise das peças.

No que se refere às condições de recepção, o fundamental é observar o que ocorre com os espectadores. Não é, evidentemente, o público "comportado" que vai ao teatro, ou a distante e anônima platéia da televisão, dividida nas "classes" A, B ou C. Trata-se de um público que juntamente com o ingresso compra o direito da fala e obriga o artista a incorporá-la no texto representado; público que expressa de maneira pouco sutil sua aprovação ou então seu desagrado, se o espetáculo não corresponde às expectativas.

Não é suficiente, contudo, observar as reações dos espectadores no decorrer do espetáculo. Mais importante ainda é acompanhá-los em seu cotidiano, na trama de

turuzú e a forma bem cuidada de seu desenho, com o que os autores de *Doña Robustiana* chamavam de tentativa de quebra de uma estética "burguesa": traços imprecisos, linguagem figurada, supressão dos balões normalmente utilizados para conter as falas das personagens, etc. Em ambos os casos, o mesmo problema: desconhecimento e conseqüentemente falta de adequação entre o discurso proposto e as regras, já previamente constituídas, de recepção.

relações sociais no bairro, nas outras formas de entretenimento que preenchem seu tempo livre. Este é o contexto mais geral da recepção, e só mesmo chegando a ele é que se poderá emendar o significado e alcance não apenas do circo mas da própria rede de lazer; isto implica estar presente para ouvir relatos e comentários e observar comportamentos, no momento em que se manifestam.

Convém recordar, a propósito, o modo de operação das pesquisas etnográficas que em busca dos padrões culturais mais abrangentes que dão sentido a ritos, costumes, mitos, etc., trabalham tanto com a observação direta destes fatos como também com as explicações dos membros da comunidade sobre sua prática. Eunice Durham (1980b) assinala que a utilização simultânea de ações e discursos como evidências igualmente válidas para a construção de sistemas que permitam apreender o significado, implica conceber a relação entre regra explícita e conduta, ou entre discurso e ação de um modo particular. "No conjunto, os antropólogos tendem a operar como se tanto a conduta organizada, de um lado, como as regras conscientes e representações, de outro, fossem igualmente produzidas pelos padrões culturais que a ciência revela" (op. cit., p. 5).

Isto significa que discursos, por uma parte, e ações, por outra, não são realidades que se opõem, nem que uma opera distorcendo a outra: seriam antes formas diferentes mas complementares de expressão de um mesmo universo simbólico que só pode ser apreendido como sistema abstrato, mas que se manifesta através da especificidade de cada situação concreta.

O TEATRO NO CIRCO

(Os Milagres de Nossa Senhora Aparecida) *"é peça de sentimento, mas tem também uma grande parte cômica, que é a cargo do Biruta, que ele é o empregado do hotel. Quando entra aqueles aleijado, sabe? — o povo morre de rir. Ele briga comigo, no caso que eu entro lá. Ele avança em mim, puxa a muleta do aleijado pra dar em mim. O aleijado cai no chão, quer dizer, uma confusão. Então, nessa peça, o povo chora, o povo vibra, o povo ri e a peça tem de tudo." (Gazzola, ator — Vargas, 1981)*

"[...] on y rit, on y pleure, on y frémit, on y chante, on y danse, on y crit et on y meurt." (Paul Ginisty, Le Mélodrame)

A ESTRUTURA DA REPRESENTAÇÃO teatral circense, a temática de suas peças e os recursos retóricos que utiliza apresentam indícios reveladores das vertentes constitutivas desta forma de dramaturgia popular. Não se trata, porém, de realizar aqui uma exaustiva reconstrução histórica do circo — tarefa que excederia os limites e propósitos deste trabalho — mas tão-somente de buscar elementos que permitam identificar algumas das "leis do gênero" responsáveis pelo particular efeito de verossimilhança de seu espetáculo.

O circo moderno, tal como hoje é conhecido, surgiu em meados do século XVIII na Europa e inicialmente não era senão uma pista circular com arquibancadas, destinada à exibição de exercícios eqüestres. As novas táticas militares, com efeito, cujas exigências de mobilidade e destreza tornaram obsoletas as pesadas armaduras medievais — obstáculos à necessidade de maior obediência à rédea — levaram a um aprimoramento das artes eqüestres, praticadas por homens de armas e cultivadas pela aristocracia. O grande público, evidentemente, não tinha acesso às demonstrações e exercícios, restritos aos pátios dos quartéis e dos castelos. Aos poucos, contudo, elementos egressos das fileiras militares começaram a organizar espetáculos abertos mediante pagamento, tendo-se destacado, em Londres, as apresentações realizadas pelas companhias de Hayam, Jacob Bates, Price e Philip Astley. Este último, após haver-se desligado de seu regimento, em 1766, inicia com alguns companheiros suas exibições públicas, e mais tarde monta um circo de madeira que já contava com números de "variedades" a cargo de renomados acrobatas italianos, os Ferzi[1].

Em 1782 Astley está instalado com seu anfiteatro eqüestre em Paris, no célebre "Faubourg du Temple", aí permanecendo até ser expulso pela Revolução Francesa. Durante este tempo associa-se a ele o grande nome da tradição circense na França, Antonio Franconi, a quem se deve a introdução de interlúdios cômicos entre as exibições de números eqüestres, em Paris. Enquanto Astley, já em Londres, prossegue com seus espetáculos — entremeados de pantomimas e burletas — a companhia de Franconi passa a ser dirigida, em 1805, por seus filhos, que lhe dão o nome de "Cirque Olympique". Será aí que o famoso ator Frédérick Lemaître haverá de encenar peças históricas, tragédias e melodramas, por volta de 1822[2].

A diversificação do espetáculo do circo, tal como se pode observar hoje, no Brasil — com números de "variedades", representações teatrais cômicas e sérias, além da arte circense tradicional —, remonta, assim, às próprias origens desta forma de entretenimento. Com respeito, entretanto, ao teatro circense propriamente dito, cabe assinalar que não se pode desvinculá-lo de um rico e fecundo movimento cujo ponto de partida é a *Commedia dell'Arte* veneziana do século XVI e que a partir de então cruzou a Europa em todas as direções, deixando suas marcas nos mais variados gêneros teatrais. No caso da França, por exemplo, sua influência pode ser sentida no grande laboratório de novas maneiras de representar que foram os *Théâtres de la Foire,* nos séculos XVII e XVIII, indo desembocar, já no século XIX, nas pantomimas, marionetes, óperas cômicas, operetas, teatros de revista, melodramas cantados ou representados e *vaudevilles* do chamado "Boulevard du Crime" e até, como vimos, no circo.

Não é o caso, evidentemente, de tentar estabelecer, de maneira direta, algum tipo de filiação ou paralelo entre o teatro circense e este ou aquele gênero teatral. Tendo em vista, porém, o caráter matricial da *Commedia dell'Arte,* é importante para os objetivos deste trabalho identificar alguns de seus elementos básicos para ver até que ponto continuam presentes nas representações circenses, sobretudo as cômicas.

Pelo fato de não constituir um gênero teatral escrito, torna-se difícil definir a *Commedia dell'Arte.* Obra coletiva de atores — também chamada comédia das más-

[1] Cf. Oliveira, in Cedran (org.), 1978.

[2] Cf. Beaulieu, 1905. Em 1807 o "Olympique" levou uma pantomima intitulada *A Lanterna de Diógenes,* na qual o filósofo grego termina encontrando o homem que procurava: é... Napoleão! Como se verá adiante, esta particular atribuição de novos e surpreendentes significados a textos conhecidos é uma característica que o teatro circense conserva até hoje.

caras, comédia improvisada — a *Commedia* é antes de mais nada um estilo de representar, surgido no século XVI, na Itália, e que se desenvolve como reação à frieza dos espetáculos de corte ou academia. "O tema era colhido sem escrúpulos nas mais variadas fontes. [...]. Entrechos complicadíssimos, girando em torno de um caso de amor entre os jovens pares, contrariado pelos velhos e pelos acasos do destino e desdobrando-se em peripécias mil. As linhas mestras da ação eram fixadas por escrito num roteiro ou *canovaccio,* que era afixado à entrada do palco" (Meyer, 1967, p. 27).

Este roteiro — mais um suporte à representação do que um texto estruturado — indicava as entradas e saídas dos atores, os monólogos, diálogos, episódios burlescos, os cantos e danças. Permitia, desse modo, uma ampla liberdade ao espírito inventivo dos atores que, apesar de se distribuírem de acordo com um número fixo de personagens, com características igualmente predeterminadas, protagonizavam "enredos loucos baseados em qüiproquós, *imbroglios,* raptos, disfarces e outras peripécias que deixavam o espectador sem fôlego e sempre na expectativa; [...] com invenções burlescas alucinantes, intermédios líricos, música, danças, acrobacias, distribuídas numa progressão dosada mas num ritmo vertiginoso, a *Commedia* mobilizava tudo que pudesse ao mesmo tempo suscitar o riso e abrir a porta ao sonho. Um sonho inventado na hora, como que espontaneamente criado pelos mágicos comediantes" (idem, ibidem, p. 32). Personagens fixos e situações codificadas eram, na verdade, a base para o jogo espontâneo da improvisação na medida em que constituía o quadro de referência, flexível, mas necessário à criatividade dos atores.

Improvisação e personagens paradigmáticas, sátira e duplo sentido, flexibilidade do texto e contato direto com a platéia — eis algumas das características da *Commedia dell'Arte* que é possível observar, hoje, no teatro circense, principalmente nas representações cômicas. Estas características, aliás, encontram-se também em outras formas teatrais populares brasileiras, como por exemplo o bumba-meu-boi, que, conforme assinala Marlyse Meyer (1980), apresenta analogias com o jogo peculiar da *Commedia.*

Se as representações cômicas circenses — chanchadas, comédias, *sketches* — conservam alguns padrões típicos da *Commedia dell'Arte,* as peças "sérias" têm como principal paradigma uma forma de teatro muito popular no século XIX, o melodrama, cujas características fundamentais terminaram ficando encobertas pela imagem estereotipada e distorcida que se tem deste gênero teatral.

Segundo Prado (1972), o melodrama, ao contrário do drama romântico — fatal, tenebroso, revoltado contra a sociedade, secretamente tentado pelo mal — era sentimental, moralizante, otimista. A concepção melodramática encarava o teatro como representação e não como texto literário, deixando assim à criatividade do ator a tarefa de infundir vida, com seu próprio talento, a personagens apenas esboçados. Colaboravam, no mister de atingir "coração, olhos e ouvidos", a música que abria o espetáculo, marcava entradas e saídas, ressaltava momentos de emoção e *suspense;* os cenários — faustosos, variados, exóticos — e os efeitos sonoros e visuais produzidos por engenhosos maquinismos. Levantado o pano, começava imediatamente a ação, e desde as primeiras cenas sucediam-se os raptos, os duelos, os envenenamentos — por causa de certidões de nascimento perdidas, testamentos adulterados, cartas comprometedoras. Os constantes apartes e monólogos — recursos fundamentais no melodrama — ajudavam o espectador a acompanhar as peripécias e desconcertantes reviravoltas do enredo, protagonizado por personagens exaltadas que externavam a violência de suas emoções através de falas e gestos altissonantes.

Trata-se, como bem diz Brooks (1974), de uma dramaturgia do espanto: "A prática de uma dramaturgia da admiração e do espanto requer uma retórica capaz de insuflar ao cotidiano e ao banal a paixão de um conflito grandioso [...]. Quando dizemos todos os dias 'pai' e 'filha', é com um tom modulado, acomodado às convenções e nuanças da existência. Quando as mesmas palavras são proferidas no melodrama, trata-se de nomear a plenitude quase insuportável do sentimento essencial" (op. cit., p. 353).

O melodrama, desta forma, abomina o meio-termo, privilegiando as emoções levadas ao extremo, o *pathos,* a exaltação. Boas ou más, as personagens mostram seu caráter integral levando até ao limite uma certa maneira de ser. A estrutura melodramática típica articula um movimento que vai da apresentação da virtude como inocência até a introdução da ameaça e do obstáculo, que a colocam em extremo perigo. Durante o desenrolar da ação o mal parece triunfar, ordenando os acontecimentos e ditando os julgamentos de valor: a virtude, aparentemente decaída, não pode sustentar a causa do bem. As peripécias terminam finalmente com a vitória da virtude, o que não significa necessariamente *happy end,* mas o reconhecimento de justiça. O mundo, que de acordo com o melodrama é o palco de violento embate entre o bem e o mal, adquire inteligibilidade ética através de uma leitura marcadamente maniqueísta. "Num universo dessacralizado onde os imperativos morais e claros, compartilhados pela comunidade, foram perdidos [...] a função primordial do melodrama era a de redescobrir e expressar os mais básicos sentimentos morais e o de render homenagem ao signo do bem. Desde sua primeira aparição durante a Revolução — numa época em que os símbolos éticos tradicionais tinham sido subvertidos — o melodrama se orienta para esta redescoberta e esta repetição de uma moralidade oculta. [...]

o teatro de Pixérécourt é um teatro que coloca diante do povo entidades morais absolutas e grandiosas, que torna acessível um universo moral. Não é por acaso que o melodrama nasceu durante a Revolução e que atinge sua maturidade com *Coelina* em 1800: ele é profundamente democrático não só pelo público a que se dirige, mas também pelos temas de que trata. Representa uma democratização da moralidade e de seus signos" (Brooks, op. cit., p. 355).

Guilbert de Pixérécourt, citado por Brooks, é autor de mais de cento e vinte peças, entre as quais *Coelina, ou L'Enfant du Mystère, La Femme à Deux Maris, L'Homme à Trois Visages, Le Chien de Montargis, La Fille de l'Éxile, Mines de Pologne,* etc. Para este famoso dramaturgo — o "Corneille des Boulevards", como era conhecido — o melodrama "oferece à classe da nação que dele tem mais necessidade, o povo, belos modelos, atos de heroísmo, traços de bravura e de fidelidade. Desta forma, ele é levado a tornar-se melhor [...]. O melodrama será sempre um meio de instrução para o povo, porque ao menos este gênero está voltado para ele" (Pixérécourt, 1832, in Abraham, 1972, p. 672).

Para avaliar o alcance destas referências ao caráter "democrático" do melodrama, seria necessário levar em conta o processo que vinha ocorrendo em outro domínio, o da literatura — que também se inscreve no quadro das transformações econômicas, políticas, sociais e culturais da chamada "Era das Revoluções" — e cujo resultado é o surgimento de uma nova forma de ficção com a qual o melodrama estava intimamente vinculado[3].

O marco inicial do romance no sentido moderno — *novel,* por oposição a "romance" — é *Pamela, or Virtue Rewarded,* de Richardson (1740), onde pela primeira vez uma pessoa de baixo *status* social era retratada como um ser humano complexo e digno de admiração. Em 1742, Fielding publica *Joseph Andrews,* uma sátira a *Pamela;* seguem-se *Tom Jones* (Fielding, 1748), *Clarissa* (Richardson, 1749), primeiros passos na consolidação de um estilo que, diferentemente dos padrões neoclássicos, estava mais perto do cotidiano e se mostrava mais adequado para descrever as experiências e conflitos de novas personagens.

Na França ocorria algo semelhante, e os pontos de referência são, entre outros, o Abade Prévost e Jean-Jacques Rousseau, autor do que se considera o primeiro romance moderno francês, *Julie, ou la Nouvelle Heloïse* (1750). O resultado é o gênero sentimental, um dos principals gêneros romanescos, com histórias de amor povoadas de situações aflitivas que punham à prova o verdadeiro caráter do herói. Outra criação da época que se desenvolveu com enorme sucesso, tanto na França como na Inglaterra, é o romance "negro" ou gótico. O cenário construído por este gênero para

[3] O famoso melodrama *Coelina,* de Pixérécourt (com mais de 1.500 apresentações, em Paris e províncias), é uma transposição, para o teatro, do livro *Coelina, ou l'Enfant du Mystère,* de Ducray-Duminil (1798); *Château des Apennins,* do mesmo dramaturgo, baseia-se em *The Mysteries of Udolpho,* de Ann Radcliffe (1791), etc.

situar a ação incluía invariavelmente uma abadia arruinada ou um castelo medieval à beira de algum precipício, habitado por um cruel barão, por moças que desmaiavam continuamente, e assombrado por fantasmas; o elemento sobrenatural, ingrediente indispensável para o clima de mistério e *suspense,* terminava, no entanto, sendo explicado racionalmente[4].

A nova ficção estende-se rapidamente, atraindo leitores de todas as condições sociais e também novos escritores, que procuram imitar o estilo dos já consagrados, dando origem, assim, a um rendoso sistema de produção e circulação de romances.

O processo de mútua influência entre palco e livro, responsável pela transformação de narrativas do gênero sentimental ou do romance negro, por exemplo, em peças teatrais (e vice-versa) continua com o folhetim, forma que assume o romance em seu novo meio de difusão, o jornal[5]. Os recursos característicos do folhetim — a predominância da ação, o "corte" no momento exato, as repetições necessárias para não se perder o fio da meada, os diálogos — são transposições de algumas das técnicas típicas do melodrama; não menos significativa, por outro lado, é a presença das mesmas personagens estereotipadas encarnando símbolos e valores essenciais, das mesmas dicotomias maniqueístas e da mesma busca constante da justiça. "O romance de folhetim dirige-se a um público tão heterogêneo e tão recentemente formado como o melodrama ou o *vaudeville;* rege-se pelos mesmos princípios formais e critérios estéticos que dominam no teatro popular contemporâneo [...]. Também aqui, como no melodrama, os caracteres e a ação são estereotipados e estão construídos de acordo com um molde fixo [...]. O romance de folhetim significa uma democratização sem precedentes na literatura e um nivelamento quase absoluto do público leitor" (Hauser, 1969, vol. III, p. 28-9).

Resta saber qual foi o grau de extensão de todo este processo, e até que ponto esses romances e peças teatrais tiveram o mesmo tipo de ressonância em públicos de países cujas condições sociais, políticas, econômicas e culturais eram outras. Sem entrar na polêmica desencadeada pela questão das "idéias fora do lugar" (Schwarz, 1977), o certo é que este tipo de ficção é encontrado no Brasil quase na mesma época de sua difusão na Europa. E assim como os "abomináveis princípios franceses" (Viotti, 1977), segundo os encarregados das devassas, inspiraram os líderes das revoluções em Minas, Rio e Bahia, a fins do século XVIII e começos do XIX, as "moderníssimas e mui divertidas novelas todas traduzidas do Francês" constituíram leitura obrigatória de nossos primeiros autores românticos.

É o que constata Marlyse Meyer, em seu trabalho "O que é, ou quem foi Sinclair das Ilhas?" (1973). A partir de alguns indícios e após minuciosa busca em jornais

[4] *The Castle of Otranto,* de Horace Walpole (1764), e *The Old English Baron* (1778), de Clara Reeve, tornaram-se padrões desse gênero, cujo representante mais famoso foi, no entanto, Ann Radcliffe, autora de *The Castle of Athlin and Dunbayne* (1788); *A Sicilian Romance* (1790); *The Romance of the Forest* (1719); *The Italian, or the Confessional of Black Penitentes* (1797), entre outros.

[5] Data de 1836 a presença regular da ficção sob a forma de "romance aos pedaços" nos jornais, fórmula que se revela um poderoso expediente para aumentar o número de leitores. Os primeiros a adotar, na França, esse sistema foram *La Presse* e *Le Siècle.*

brasileiros da época, catálogos de gabinetes de leitura franceses e ingleses e outras fontes, conclui que antes mesmo da invasão do romance-folhetim[6] e, principalmente das obras de autores "consagrados" (Balzac, Victor Hugo, Walter Scott), pode-se observar, no Brasil, a presença de romances característicos e representativos do período do surgimento da ficção na Europa. *Sinclair das Ilhas*, por exemplo, protótipo desta literatura, aparece nas obras de Machado de Assis — era lido por seus personagens — e é citado por José de Alencar como leitura obrigatória em seus serões de infância.

Com relação ao teatro, pode-se tomar como ponto de referência a trajetória do ator e empresário João Caetano, iniciador do teatro brasileiro como atividade profissional e contínua. Suas primeiras apresentações (até 1836) eram peças portuguesas ou velhas traduções e adaptações feitas em Lisboa de textos sobretudo franceses[7]. Após um breve período de influência neoclássica, João Caetano começa a representar dramas românticos de Victor Hugo e Alexandre Dumas, mas é com o melodrama, cujas características já apontamos, que se consagra como ator dramático. "A partir de 1845, à medida que crescem os seus encargos comerciais e as suas responsabilidades como empresário, todos os seus grandes êxitos são, de uma forma ou outra, de natureza popular. A bilheteria falava — e João Caetano, vivendo de sua profissão, não podia fechar os ouvidos" (Prado, 1972, p. 88)[8].

O fato de que obras e peças teatrais representativas do movimento cultural surgido na Europa em meados do século XVIII sejam encontradas no Brasil é sinal de que este processo — guardadas as devidas proporções — de uma forma ou outra obteve, por aqui, alguma ressonância. Para os objetivos do presente trabalho, contudo, a questão que se coloca é saber em que medida este movimento conseguiu ultrapassar o reduzido círculo dos que tinham acesso aos produtos culturais e chegou a atingir outros setores da população — no caso do teatro, por intermédio do circo. Só uma cuidadosa pesquisa, no entanto, poderia mostrar desde quando elencos circenses começaram a encenar representações de cunho melodramático, que peças eram levadas, e de que forma isto ocorreu. Que o melodrama foi parar no circo, não há dúvidas: basta analisar alguns textos do repertório circense. Indícios dessa presença são, por exemplo, as listas da coleção Biblioteca Dramática Popular editada pela Livraria Teixeira, de São Paulo, "Primeira Casa do Paiz no Gênero Teatral e Fornecedora das Primeiras Sociedades, Grupos Dramáticos e Circos do Brasil".

Na contracapa do volume n.º 125 — *O Filho Natural* — drama em três atos, de João Marques, "representado pela primeira vez em Sorocaba a 31 de janeiro de 1866, depois em várias cidades do Estado de São Paulo, com gerais aplausos", aparece uma

[6] Cuja presença nos jornais brasileiros é praticamente concomitante a seu lançamento na França. *Capitão Paulo*, por exemplo — primeira produção folhetinesca de Alexandre Dumas — sai em *Le Siècle* em meados de 1838 e em outubro desse mesmo ano é anunciado no *Jornal do Comércio*, do Rio de Janeiro.

[7] Como sua peça de estréia, em 1827, *O Carpinteiro de Livônia (Le Menuisier de Livonie* ou *Les Illustres Voyageurs*, comédia histórica de Alexandre Duval, criada em Paris em 1805); *Camila* ou *O Subterrâneo*, melodrama e Marsollier e Dalayrac, encenada originalmente em 1791, *O Desertor Francês*, adaptação de *Le Déserteur* (Louis Sébastien Mercier, 1771), feita pelo dramaturgo português Antonio Xavier (Cf. Prado, 1972).

[8] De Guilbert de Pixérécourt, João Caetano encenou *As Minas da Polônia;* de Victor Ducange, *Teresa,* ou a *Órfã de Genebra, Trinta Anos* ou a *Vida de Um Jogador* de Joseph Bouchardy, *Lázaro, o Pastor, Gaspardo, o Pescador de Placência, O Sineiro de São Paulo;* de Anicet-Bourgeois, *Catarina Howard, Heloísa e Abelardo, Mariana, A Vivandeira;* de Adolphe Dennery, *A Graça de Deus, O Palhaço, O Velho Cabo de Esquadra, A Dama de Saint Tropez, Os Sete Pecados Capitais* (estas duas últimas, em conjunto com Bourgeois), etc.

relação de duzentas e vinte peças já publicadas. O n.º 178, *"Dalila,* drama em seis quadros de J. Vieira Pontes do romance de mesmo título de Octave Feuillet", traz a lista das cento e setenta e sete peças anteriores. Alguns títulos: *"Fidalgos e Operários, ou A Tomada da Bastilha,* drama de J. Vieira Pontes em cinco atos"; *"A Honra do Operário,* drama em três atos de João Alves da Silva (Jacques) — a ação passa-se numa importante cidade do Estado de São Paulo. Época: Atualidade (1908)"; *"A Filha do Estalajadeiro,* ou *O Anjo da Morte,* drama em três atos de J. Vieira Pontes"; *"Dois Mineiros na Corte,* comédia em um ato de Monteiro de Noronha"; *"A Escrava Isaura,* ou *O Pirata Antonio,* drama em cinco atos de J. Vieira Pontes"; "O *Filho do Montanhez,* ou *A Louca dos Pyreneus,* drama em um prólogo e quatro atos de Antonio J. de Souza Rego, representado sempre com gerais aplausos em todos os teatros do Brasil com o título *O Cego de Barcelona"; "Os Dois Sargentos,* de A. D'Ennery, drama em três atos acomodado à cena moderna por J. Vieira Pontes e representado com extraordinário sucesso em todos os teatros de Portugal e Brasil"; *"A Orphã de Goyaz,* drama em quatro atos, representada sempre com geraes applausos em todos os theatros do Brasil"; *"Um Erro Judiciário,* ou *O Louco da Aldeia,* drama em três atos"; *"Operários em Greve,* drama em três atos"; *"Lágrimas de Mãe ou Um Filho... Um Pecado,* drama em três atos".

Não menos significativos são alguns anúncios de espetáculos circenses em São Paulo, nas décadas de vinte e trinta: "Pavilhão Theatro Colombo, Grande Companhia gymnastica, equestre, zoológica e de variedades, a única que possue um vasto repertório de dramas, comédias, revistas e operetas [...]; Dará fim ao espetáculo o bellissimo drama em 1 prologo e 3 Actos, intitulado *Os Dois Sargentos; Soldados, Marinheiros,* etc., etc.; Brevemente: *Os Milagres de Nossa Senhora Aparecida; O Filho da República; Odio de Raça".* A mesma Companhia anunciava, para outra função, *"A Festa na Roça,* ou *As Proezas de Thomé,* chistosa comedia em 2 Actos — Roceiros, camaradas, etc. — Grande catira e desafio de viola — Canções religiosas pelo violonista brasileiro Xavier, que promete novos Lundus e Modinhas" (década de 20).

Um cartaz do Grande Circo Novo Horizonte — "Companhia Gymnastica, Acrobatica, Zoologica e de Variedades com Peças Dramaticas, director Juvenal Pimenta" anunciava, em 1927: "Na segunda parte do programa será organizado ao público, o original dama francez intitulado 'A Tomada de Bastilha ou Fidalgos e Operários'; Dividido em 5 arrebatadores atos de verdade e encanto — Época Luiz XV — Acção França — Grande Comparsaria, Povo, Lacaios, Soldados, Marinheiros — Vistoso Guarda Roupa — Rigorosa Mis en scene". Segue um sugestivo texto sobre a Bastilha[9].

"Circo Colombo — Grande Companhia de Variedades — Estreará brevemente

[9] "A BASTILHA foi constituída em Paris em 1369, e serviu, não só como fortaleza para defender Paris, como também de prisão do Estado. Aquelles que desagradavam ao Rei, a uma de suas amantes ou mesmo a qualquer Ministro insolente, eram mandados para a Bastilha sem nenhuma formalidade. Uma carta secreta dirigida ao Governador bastava para que o desgraçado alli morresse esquecido de tudo e de todos! — Na Bastilha estiveram encerrados Huges, Anbriot, Duque de Memours, o Marechal de Brion, Fouquet, o philosopho Voltaire, Linquet (o Máscara de Ferro) e, o mais célebre de todos os prisioneiros, LATUDE, que esteve preso 32 annos por haver desgostado a Marqueza de Pompadour! — Agitados os animos em face de tanta tyrania, ao raiar do dia 14 de julho de 1793, cerca de 30 mil populares gritaram: 'A BASTILHA!' E a Bastilha foi tomada e incendiada. — Fazem, portanto, 136 annos que o brioso povo Francez conquistou a liberdade, e nós que também nos associamos à lembrança de tão auspicioso feito, fazemos representar o empolgante drama em 5 actos, que revivem as scenas então desenroladas e que se intitula: *Tomada da Bastilha,* com 50 personagens em scena!"

— Repertório: Cá e Lá; Figuras e Figurões; Os Irmãos Jogadores; A Tomada da Bastilha; Os Dois Sargentos; Guerra de Canudos; Serra Morena; Festa de São João; Filho da República — Guarda Roupa de 1.ª Ordem, cabelleiras e adereços à actualidade e Luiz XV."

"O Cirquinho do Odilon apresenta o sentimental drama do Teatro Espanhol: O Adeus da Despedida, em 3 atos — O próprio título diz bem do que pode ser esta peça O Adeus da Despedida — O Drama que as mães não devem deixar de assistir, e os filhos não podem perder — Adeus... Quem já não ouviu esta palavra ao despedir-se... E quem ao ouvi-la não derramou ao menos uma lágrima! ... serve de motivo para esta peça a 'Valsa da Despedida'. A música que fala perto do coração. Ajude a chorar àquela cujo filho vai ser fuzilado! — Quinta-feira: Corações que sangram! ou A Última promessa, em três atos e três quadros — Sábado: Onde a Fé Triunfa, baseado em Os Milagres do Padre Antonio."

"Circo Teatro Arethuza, Rua Rodrigo de Barros — Canindé — Seléto elenco artístico, salientando a famosa dupla Thomé e Sinhô. O maior Repertório Teatral da Atualidade, destacando-se: O Conselho de Guerra — Tiradentes — 2 Garotos — Sinal da Cruz — Nero — Guaraní — O Soldado Brasileiro."[10]

O propósito deste trabalho, no entanto, é menos uma reconstituição histórica do teatro no circo do que um estudo das formas através das quais se manifesta hoje esta forma de dramaturgia popular, nos bairros da periferia da Grande São Paulo. O que mais interessa, portanto, é a análise do espetáculo circense tal como é produzido atualmente, qual a importancia do filão melodramático em suas peças e a ressonância que encontra no público. Antes de mais nada, porém, faz-se necessário assinalar que, seja qual for o grau de influência do melodrama ou de qualquer outro gênero de representação na estrutura do teatro circense, não se pode considerar este último como réplica anacrônica ou sobrevivência grotesca do melodrama "clássico" do século XIX, ou então da *Commedia dell'Arte* do século XVI. Não se pode pensar o circo como o ponto final e desfigurado na evolução de alguma forma de teatro em particular: apesar da notória presença, em seu espetáculo, de elementos deste ou daquele gênero, o circo é, definitivamente, outra coisa. Bricolagem seria o termo que mais se ajustaria ao resultado de um processo que, com fragmentos de estruturas de diferentes épocas e origens, elabora um novo arranjo no qual são visíveis, no entanto, as marcas das antigas matrizes, e de algumas de suas regras.

É este caráter de bricolagem, por outro lado, que permite ao circo transformar-se e ao mesmo tempo conservar, em meio a sucessivas e aparentemente destruidoras influências, seu estilo característico. Artes circenses tradicionais, números de varieda-

[10] Todos estes anúncios foram tirados de Cedran (coord.), 1978.

des, melodrama, *Commedia dell'Arte,* música sertaneja, meios de comunicação de massas — tais são os elementos com os quais esta forma de entretenimento popular continua produzindo um espetáculo que ainda hoje é desfrutado nos bairros mais pobres dos grandes centros urbanos brasileiros.

ANÁLISE DAS PEÇAS

É MUITO DIFÍCIL determinar o número exato de peças do repertório circense, o qual oscila, segundo o depoimento de proprietários e artistas, entre 50 e 200 títulos. É preciso assinalar, no entanto, que quando se leva em consideração apenas as que realmente são encenadas, a extensão do repertório é bem menor; constata-se, ademais, que as representações cômicas (comédias, chanchadas, *sketches)* prevalecem sobre as "sérias". Entre estas últimas, contudo, subsistem alguns melodramas circenses "clássicos" como *O Céu Uniu Dois Corações, Coração Materno, O Homem de Nazaré, Coração de Luto, Mão Criminosa,* etc., habitualmente presentes na programação de qualquer temporada, razão pela qual foram incluídas no *corpus* de 11 peças — 6 dramas e 5 comédias —, que será objeto de análise[1].

A primeira questão que se coloca é a do método. Tendo em vista a forma como se desenvolve a ação, nestas peças, a alternativa mais lógica seria optar por alguma das técnicas comumente utilizadas na análise da narrativa. A maioria dos autores que têm escrito sobre o tema — A. J. Greimas, C. Brémond, T. Todorov, P. Larivaille, C. Lévi-Strauss, entre outros — vêem no trabalho pioneiro dos chamados formalistas russos e principalmente na obra de Vladimir Propp o ponto de partida para suas próprias propostas[2].

Trabalhando com uma amostra de cem histórias fantásticas, Propp verifica que não obstante a multiplicidade de personagens e atributos, os contos se estruturam em torno de alguns elementos constantes — as funções — entendidas como esferas de ação; sua ordem de sucessão, no relato, é também constante e seu inventário, limita-

[1] No trabalho original foram analisadas 29 peças: 11 dramas, 7 comédias e 11 *sketchas.*

[2] "Mesmo que seja necessário admitir que Propp concebeu sua pesquisa em função de um objeto definido, o conto russo, o método que emprega parece-nos suscetível de ser aplicado a outros gêneros literários ou artísticos. Veremos logo que aquilo que Propp estudou no conto russo é um nível de significação autônomo, dotado de uma estrutura que pode ser isolada do resto da mensagem: a narrativa. Todo tipo de mensagem narrativa, conseqüentemente, seja qual for o procedimento de expressão utilizado, depende da mesma aproximação a este mesmo nível. É necessário e suficiente que relate uma história. A estrutura desta última é independente das técnicas que lhe servem de suporte. Deixa-se transpor de uma a outra sem perder nenhuma de suas proprie-

do. Considerados individualmente, os contos nunca realizam o conjunto das funções (são trinta e uma); tomados, porém, em sua totalidade — e pensados do ponto de vista da estrutura — reduzem-se a um único tipo. As sete primeiras funções descritas por Propp[3] são preparatórias para a ação propriamente dita que começa com o dano (rapto de uma pessoa, roubo de um objeto mágico, assassinato, etc.), o que implica uma situação de carência. A partir de então desencadeia-se a trama, cujo desenvolvimento aponta para a resolução do desequilíbrio inicial (funções de reconhecimento do herói, castigo do traidor, casamento).

Foge aos objetivos deste trabalho, porém, uma apresentação e discussão pormenorizadas do método de Propp, ou mesmo de algumas reelaborações posteriores, mais sofisticadas. Conforme assinalamos anteriormente, não é a sofisticação técnica dos procedimentos — supostamente a garantia para melhor desvendar as "estruturas profundas" do material — o critério que deve nortear a escolha do esquema analítico. Se a análise dos textos constitui uma etapa necessária (na medida em que permite apreender sua organização interna, tornando-os, ademais, comparáveis entre si) é apenas uma etapa. Convém recordar que a produção da significação transcende o plano textual lingüístico-discursivo, principalmente quando nela intervêm outros códigos — a linguagem do corpo, dos gestos, dos objetos — como ocorre neste caso em particular.

Como primeira aproximação ao universo de significações do discurso circense, optamos, assim, por um modelo de análise relativamente simples que, apesar de não pautar-se rigidamente por este ou aquele esquema, apóia-se em alguns pressupostos estabelecidos por Propp e conservados, de alguma maneira, nos trabalhos mais atuais. O que se pretende com a análise das peças não é dissecá-las para em seguida reduzi-las a um suposto tipo único; a idéia é identificar os eixos em torno dos quais se articula a narrativa — basicamente, a carência inicial que introduz a ação dramática, e sua superação, que restabelece o equilíbrio e fecha o relato[4] — procurando observar as formas através das quais as diferentes peças encarnam (e resolvem) estes núcleos.

OS DRAMAS

Tomemos, como ponto de partida, a peça *O Céu Uniu Dois Corações*. O resumo que segue foi feito a partir da gravação de duas encenações realizadas pelo elenco do

dades essenciais: o tema de um conto pode servir de argumento para um balé, o de um romance pode ser levado ao palco ou ao cine, pode-se contar um filme a quem não o viu. O que se lê são palavras, imagens é o que se vê, gestos o que se decifra, mas o que passa através deles é uma história, e pode ser a mesma história" (Brémond, 1970a, p. 71-2).

3 Prólogo que define a situação inicial; 1. Um dos membros da família está ausente (ausência); 2. Uma interdição pesa sobre o herói (interdição); 3. A interdição é violada (transgressão); 4. O agressor busca informar-se sobre sua vítima (interrogacão); 5. O agressor recebe a informação (informação); 6. O agressor tenta ludibriar sua vítima para apoderar-se dela ou de seus bens (engano); 7. A vítima cai no engano (cumplicidade involuntária).

4 "Toda narrativa é movimento entre dois equilíbrios semelhantes, mas não idênticos. No começo da narrativa, haverá sempre uma situação estável, as personagens formam uma configuração que pode ser móvel mas que conserva entretanto intatos certo número de traços fundamentais. Digamos, por exemplo, que uma criança vive no seio da família; ela participa de uma microssociedade que tem suas próprias leis. Em seguida, sobrevém algo que rompe a calma, que introduz um desequilíbrio (ou, se se quiser, um equilíbrio negativo); assim, a criança deixa, por uma razão ou por outra, sua casa. No fim da história, depois de ter superado muitos obstáculos, a criança,

Circo-Teatro Bandeirantes, uma na Vila das Palmeiras (Freguesia do Ó), em janeiro de 1980, e outra na Vila dos Remédios, em janeiro de 1982.

O Céu Uniu Dois Corações: O Drama dos Namorados
Melodrama em 5 atos, de Antenor Pimenta

Personagens:
Velasco — dono de bar
Perdinari — industrial
Alberto — filho do industrial
Della Torre — assassino
Francisco (avô) — cúmplice
Francisco (neto) — cúmplice
Fernando — motorista de Perdinari
Nely — filha de Fernando
Dona Santa — mãe de Fernando
Juca — cômico
Marly — irmã de Juca
Benevides — comerciante português
Adélia — filha de Benevides
Delegado, soldados

1.º Ato: bar de Velasco

Informado sobre a próxima viagem de negócios que o sr. Perdinari pretende fazer, também com o objetivo de internar o filho num colégio, Della Torre comunica a Francisco seu plano para assassinar o rico industrial, usurpar o direito de tutoria sobre o órfão, e desta forma apoderar-se de sua fortuna. A culpa deverá recair sobre Fernando, ex-chofer de Perdinari, despedido de sua fábrica por causa de um acidente sofrido com o carro do patrão. Fernando está na maior miséria, circunstância que favorece o plano de Della Torre de atribuir-lhe a responsabilidade pelo crime. Velasco, o dono do bar, por compaixão, fornece comida ao desafortunado operário e à sua família[5].

Entra Fernando acompanhado pela mãe, dona Santa, e pela filha, Nely. Fernando conta sua história a Della Torre e Francisco: um domingo, como a filha tivesse sido acometida por um mal súbito, resolve tirar o carro da garagem do patrão para levá-la ao dr. Gouveia, que, aplicando-lhe uma injeção, conseguiu acalmar sua dor.

crescida, reintegrará sua casa paterna. O equilíbrio é então restabelecido mas não é o mesmo do começo: a criança não é mais criança, é um adulto entre outros. A narrativa elementar comporta pois dois tipos de episódio: os que descrevem um estado de equilíbrio ou de desequilíbrio e os que descrevem a passagem de um a outro" (Todorov 1969, p. 162-3).

[5] Devido a conversas e barulho na platéia, torna-se difícil acompanhar os diálogos. Acende-se, então, a luz, e pelos alto-falantes ouve-se um pedido de silêncio, para que os atores possam dar prosseguimento ao espetáculo.

Na volta sofreu um acidente, morrendo sua mulher; a filha e ele nada sofreram, mas a mãe ficou cega. Foi-lhe cassada a carta de motorista e despedido do emprego por ter usado o carro sem autorização. Della Torre afirma ter ficado penalizado com a história e promete-lhe um emprego; pede, desde já, um favor a Fernando: como deve ir a uma reunião com Francisco, entrega-lhe seu revólver, pois não deve ir armado.

Entra Perdinari para cobrar o aluguel de Velasco. Conta que vai ao Rio de Janeiro aplicar 5 milhões em negócios e colocar o filho num colégio, com o objetivo de prepará-lo para dirigir a fábrica, pois Alberto irá sucedê-lo na direção de todos os negócios. Mostra um documento lacrado pelo qual o filho será declarado herdeiro de seus bens, no dia do casamento e após formar-se em medicina. Perdinari não concorda com a insinuação de Della Torre de que Fernando tenha sido mau operário: foi despedido por desrespeitar o regulamento da fábrica, mas será reintegrado como chefe de seção. Della Torre atira, então, em Perdinari, que cai amparado por Fernando. O assassino procura desculpar-se dizendo que estava examinando a arma de Perdinari e que esta disparou acidentalmente. Saem Francisco e Fernando, em busca de médico.

Entram Velasco, inspetor e soldados. Della Torre acusa Fernando do assassinato (é revistado e encontram o revólver com ele) e, mostrando o documento lacrado, diz que o sr. Perdinari fê-lo tutor do filho Alberto. Dona Santa, cega, protesta, mas Fernando reconhece que caiu numa cilada e é preso. "Vai indo tudo maravilhosamente bem...", diz Della Torre, dirigindo-se à platéia, que protesta indignada e ruidosamente.

2.º Ato: sala pobre, mesa e duas cadeiras

Marly, uma amiga da família, conta a dona Santa que Fernando foi condenado a 15 anos, Della Torre foi nomeado tutor de Alberto e que Francisco foi para Portugal ver um neto, também chamado Francisco. O Sr. Velasco morreu, dona Santa e Nely são obrigadas a mendigar. Entra Juca, o cômico (o público irrompe em palmas), para chamar sua irmã Marly. Dona Santa pergunta o motivo da alegria de Nely, Juca vai responder (namoro entre Alberto e Nely), mas é impedido por Marly que finalmente o expulsa, após várias ameaças deste último de contar, com a aprovação da platéia, "o que eles fazem atrás da bananeira...".

Entram Nely e Alberto. Nely conta-lhe o sonho que teve, em que via um caminho para a felicidade que terminava com um portão azul-celeste, Alberto tomando-lhe a mão, e toque de clarins (música romântica). Alberto dá-lhe um presente (vestido de noiva) e diz esperar ansioso os cinco meses que faltam para sua formatura em medicina e comunicar a seu tutor a decisão de casar-se com Nely. Esta pede-lhe que então opere sua avó da vista. Cada vez que se abraçam, aparece Juca, surpreendendo-os.

Sai Alberto, entram Santa e Marly. Quando Nely fica a sós com a avó, conta que seu namorado pretende conseguir o indulto para o pai e operá-la da vista.

3.º Ato: sala rica. Em cena Della Torre, Benevides, rico português, sua filha Adélia e Alberto

Ouvem-se vozes, risos e música, provenientes dos bastidores: é a festa de formatura de Alberto. Saem todos para dançar, e Della Torre comunica a Francisco (neto) sua intenção de casar Alberto com a filha de Benevides, a quem pretende pedir um empréstimo. Della Torre tem uma carta para enviar a Francisco (avô) em Portugal, contando-lhes os acontecimentos e reiterando-lhe que não confesse o crime, pois de outra forma ele e o neto irão presos. Se Alberto recusar o casamento, ameaçará tomar-lhe a herança para pagar uma suposta dívida. Seu objetivo é apossar-se tanto da herança como do empréstimo e do dote. "Vai indo tudo maravilhosamente bem..."[6] Sai, entrando Benevides e sua filha Adélia. O português está receoso de que se descubra a vida leviana da filha, que está aprendendo gíria brasileira, o que o confunde, sendo motivo de uma série de qüiproquós.

Entra Della Torre, sai Adélia. Aquele afirma que Alberto está apaixonado por Adélia e pergunta a Benevides sobre o empréstimo. Benevides assegura-lhe que será entregue o cheque depois do noivado. Sai Della Torre, entra Adélia, a quem Benevides narra o consentimento de Della Torre sobre o casamento. Mais qüiproquós com a gíria, do tipo: — "Alberto é um pedaço!" — "Então não é inteiro, e se lhe falta aquele pedaço, nunca chegarei a ser avô!"

Sai Benevides, entra Alberto, que conversa com Adélia; entram Benevides, Francisco, depois saem todos para dançar. Benevides conta a Della Torre a história do "pedaço" e diz que ou ele ou a filha está maluco... que vai internar-se numa "maternidade"... Sai.

Entra um criado, trazendo uma carta para Alberto. Della Torre lê: "Meu querido, há dois dias que não apareces, chego a pensar que não vens porque já... é, nem quero pensar, espero-te ansiosa, serei sempre tua... Beijo-te, Nely". Della Torre adultera a carta, colocando o nome de Francisco, coloca doze dias em vez de dois, etc. Dá a carta a Francisco, que sai. "Vai indo tudo maravilhosamente... bem!".

Entra Alberto, a quem Della Torre afirma estar arruinado, e que só o casamento com Adélia o salvaria. Alberto diz estar apaixonado por Nely. Della Torre a acusa de "perdida", e mostra-lhe a carta. Alberto lê, reconhece a letra mas não o que foi acrescentado e, desesperado, termina pedindo perdão ao tutor. Aceita a contragosto casar-

[6] Cada vez que Della Torre começa esta frase — "Vai indo tudo maravilhosamente..." — o público completa — "Mal!", a que o vilão retruca em tom provocativo: — "Bem!".

se com Adélia; partirá para Portugal onde dentro de seis meses se casará. Sai. (Música "triste".)

Entra Benevides, sempre pensando que é maluco, encontra-se com Juca, o portador da carta, que veio buscar a resposta. Benevides entrega-lhe a carta adulterada, e mais a comprometedora carta endereçada ao avô de Francisco. Sai. Entra Della Torre, manda criados ao encalço de Juca para reaver as cartas, sem êxito, porém. Entram Adélia, Alberto, e Della Torre anuncia o noivado. *Pano.*

4.º Ato: Seis meses depois. Praça, bancos, no fundo uma igreja.

Entram Francisco e Della Torre em busca de Nely. Precisam das cartas incriminadoras, porque Alberto está por regressar de Portugal. Saem. Entram dona Santa e Nely, esperando o fim da missa para esmolar. Conversam sobre as cartas — provas da inocência de Fernando, que estão com Juca — e sobre as dificuldades de Nely para conseguir emprego, pois fora difamada por Della Torre. Pedem a Deus que faça justiça (música religiosa). Entra Juca e, vendo-as ajoelhadas. põe-se também a rezar: "Em nome do avô, da mãe, do filho... Ave Maria, cheia de graxa... Amém, saravá...". Saem Juca e Nely.

Entra Alberto e dá uma esmola à cega; esta conta-lhe que sua neta, injustamente acusada de ladra, foi despedida do emprego. Alberto, alheio a tudo, promete operar-lhe a vista, no dia seguinte, no Hospital São Paulo. Sai.

Entra Nely, e dona Santa narra-lhe o encontro com um médico cujo nome não sabe. Sai Nely, entrando Alberto para marcar a operação para o mesmo dia. Entra Juca, Alberto não o reconhece. Reconhece, no entanto, Marly, que acaba de entrar e que lhe conta o incidente com as cartas. Alberto finalmente reconhece Juca; este solicita ao médico que lhe faça alguns exames, motivo para uma longa série de mal-entendidos em torno dos termos "bichas", "lombriga", etc. Juca entrega-lhe as cartas; Alberto conta que existe um documento onde Francisco (avô) confessa o crime. O documento está, no entanto, em mãos das autoridades portuguesas: só chegará em alguns dias. Juca propõe atrair Della Torre à sua casa com pretexto de entregar-lhe as cartas, às dez horas, forjando assim flagrante para que o criminoso possa ser surpreendido e preso, dando busca nas gavetas. Sai Alberto. Entram Francisco e Della Torre, armados, para reaver as cartas. Agridem dona Santa, que é defendida por Juca:

— "Seus covardes, batendo numa velha cega!"

— "Quem é você?"

— "Eu sou Juca, e sou muito homem, pois moro na Vila das Palmeiras!" (O público aplaude.)

Obrigada a responder, Marly declara que as cartas estão com Juca. Este afirma que só as entrega em troca de dez mil cruzeiros. De posse do cheque, diz-lhes para passarem por sua casa, no dia seguinte, às dez horas. Saem Francisco e Della Torre, entra Nely; quando sabe do cheque, recrimina duramente Juca, e dá-lhe uma bofetada, pois desconhece o plano.

"Não fico chateado com você, Nely" — responde o cômico — "por causa do tapa, pois ele não doeu em mim e vai doer muito mais em você quando souber toda a verdade..." E, dirigindo-se ao público: "Não doeu, hem... até agora está ardendo!"

Nely sai e Juca, após dar a dona Santa o cheque, conta-lhe o plano combinado com Alberto para desmascarar Della Torre. Como deve "guiar" a cega até o hospital, faz como se estivesse dirigindo um caminhão... Entra Nely e logo após Della Torre, que a obriga a sair da cidade sob ameaças de morte. Entrega-lhe um revólver, Nely sai e ouve-se um tiro. *Pano.*

5.º Ato. Casa pobre, cama e cadeiras. Na cama, um corpo representando Nely morta, vestida de noiva[7]

Entram Alberto e dona Santa — esta, com os olhos vendados — e dirigem-se para onde está Nely. Alberto fita o corpo:

"— Morta?"

"— Della Torre a matou", responde Marly.

"— Que fatalidade! Mas estou certo que sua alma está me ouvindo. Nely, venha buscar-me e no paraíso onde estás gozaremos a felicidade completa e eterna!..."

Alberto tira as vendas de dona Santa, que se ajoelha, chorando, diante do corpo de Nely. Saem todos, entra Della Torre dizendo para Francisco esperá-lo fora. Entra Alberto e os acusa de assassinos; Della Torre, porém, jura inocência. Entra Fernando, reitera as acusações e Della Torre finalmente os ameaça com o revólver, dizendo que "a cadeia não foi feita para homens como eu... vai indo tudo maravilhosamente... bem!".

Juca entra, desarma-o e o imobiliza, sob aplausos da assistência. Alberto tenta dominar Francisco, mas é mortalmente atingido por um disparo; Fernando faz menção de buscar um médico, porém Alberto se opõe:

"— Não é preciso. Nely chama-me... Está esperando na porta do reino da felicidade completa e eterna. Estou a caminho. Nely querida...".

"— Como se amavam... Amor tão puro que nem a morte pôde destruir...", observa Marly.

[7] Antes de abrir o pano, surge Chico Biruta para dar alguns esclarecimentos e pedir a colaboração do público: explica que o último ato é muito sério e comovente e que sua atuação como Juca, nas próximas cenas, não é cômica. — "Espero que vocês compreendam e não prejudiquem o trabalho dos artistas", finaliza.

"— Continuarão suas almas a se amarem eternamente, sempre, sempre...", diz dona Santa. (Música "triste").

Apoteose final: No fundo do palco, um enorme coração, todo iluminado. Ouve-se uma explosão, levanta-se uma nuvem de fumaça e, ao som da marcha nupcial, o coração abre-se lentamente: em seu interior aparece Nely vestida de noiva, estendendo a mão para Alberto. Pano[8].

Apesar de na peça *O Céu Uniu Dois Corações* o vilão aparecer logo na primeira cena, tramando seu plano, é possível identificar algumas daquelas funções consideradas preparatórias para a ação propriamente dita: um motorista, ao fazer uso do veículo do patrão, sem licença (desrespeitando o regulamento da fábrica) para levar a filha ao médico, sofre um acidente que redunda na morte da esposa, na cegueira da mãe e na perda do emprego. Esta situação de carência — resultado da "transgressão" de uma "interdição"[9] — não é ainda a que vai desencadear o relato, pois não só não foi fruto de um ato intrinsecamente reprovável (ao contrário, fora ditada pelo amor paterno) como ademais iria ser reparada, ao menos em parte, com a readmissão do empregado.

O típico processo melodramático de debilitamento progressivo da virtude e fortalecimento do vício, porém, já começou. O vilão aproveita-se do estado em que se encontra a família do operário para levar adiante suas maquinações: tornar-se, fraudulentamente, tutor do filho do industrial a fim de apoderar-se de sua fortuna. A promessa de trabalho feita a Fernando faz parte de uma cilada para culpá-lo pelo assassinato do ex-patrão. O dano está instaurado e, com ele, a carência (que atinge tanto a família de Nely como a de Alberto) responsável pelo desenvolvimento da ação dramática. As personagens tendem a agrupar-se, umas em torno da virtude ameaçada e outras, do mal vitorioso[10].

O desenrolar da trama mostra, de um lado, os sonhos e as frustradas tentativas das forças do bem para reparar o dano (namoro entre Alberto e Nely, o propósito deste último de tirar Fernando da prisão e restituir a vista a dona Santa) e, de outro, sua impotência diante da marcha triunfante do agressor — "vai indo tudo maravilhosamente bem" — e de seus cúmplices. Por meio de novas artimanhas (carta adulterada) o herói é induzido a comprometer-se com a filha de um rico comerciante, e a separar-se da namorada. Quando Alberto viaja rumo a Portugal (para casar-se com Adélia) e Nely fica reduzida à extrema miséria, sendo obrigada a mendigar, o grau de afastamento entre ambos atinge o limite máximo. A partir deste ponto a tendência da ação é no sentido de reverter o movimento: o vício deverá ser desmascarado e a

[8] Na apresentação feita na Vila dos Remédios, este final sofreu uma modificação: após o abraço dos noivos, aparece Juca (Chico Biruta) vestido de noiva, exibindo uma descomunal barriga e fazendo com os dedos o "v" da vitória: uma inevitável gargalhada quebra o compungido silêncio com que o público assistia à última cena.

[9] A. J. Greimas (1966), que se propõe transformar a seqüência cronológica das funções de Propp em esquemas paradigmáticos, articula a "transgressão" e "interdição", por razões de implicação lógica, a outras duas — "mandato" e "aceitação". O resultado é a estrutura do "contrato" cuja ruptura (que abre o conto) exige seu restabelecimento, função que encerra a narrativa.

[10] "Temos, pois, uma estrutura subjacente onde a virtude opõe-se ao mal que procura desacreditá-la, mascará-la, aprisioná-la e soterrá-la. O malvado tem numerosos acólitos e ajudantes tradicionais, mas sua ação apóia-se em grande parte sobre as faltas de percepção e julgamento de personagens não comprometidas, em particular da velha geração de tios, tutores, soberanos" (Brooks, op. cit., p. 347). No caso desta peça, a própria vítima, ao morrer, acha que foi seu ex-empregado que o matou; o dono do bar, surdo, não se dá conta do plano do vilão; dona Santa, cega, não pode testemunhar e Benevides, pai da moça com a qual Della Torre quer que Alberto se case, confia plenamente no suposto tutor do jovem.

virtude, exaltada. Quem inicia este processo é um menino — no papel de cômico[11] — que tem em seu poder as provas necessárias para incriminar o agressor. O momento culminante da história é o da confrontação entre os agentes do bem e os do mal, quando finalmente os vilões são presos, e os heróis/vítimas, reconhecidos; não se trata, porém, de um desenlace *happy end,* pois estes últimos morrem, no fim. A realização de seu desejo — o casamento, coroando o "amor puro dos namorados" — que iria superar o desequilíbrio gerador da narrativa (em última análise a dissolução dos laços familiares), dá-se em outro plano: na apoteose final, os jovens encontram-se, no céu, vestidos de noivos.

Tomando como base o procedimento utilizado para a análise desta peça, e aplicando-o ao restante do *corpus,*[12] temos o quadro comparativo da página seguinte.

Em cada uma das peças analisadas, o dano responsável pelo desencadeamento da ação dramática sobrepõe-se a uma situação inicial já marcada pela carência, o que coloca as personagens identificadas com o bem (herói, vítima, ajudantes) à mercê das forças do mal: pobreza *(O Céu Uniu Dois Corações, Coração de Luto, Coração Materno, O Homem de Nazaré);* doença *(O Céu Uniu Dois Corações, O Homem de Nazaré);* orfandade *(O Céu Uniu Dois Corações, Coração de Luto, Coração Materno);* incredulidade *(O Homem de Nazaré, Mão Criminosa);* violência *(A Maldição do Lobisomem; Mão Criminosa);* desobediência *(Coração Materno);* medo *(A Maldição do Lobisomem);* desemprego *(O Céu Uniu Dois Corações, O Homem de Nazaré);* morte *(O Céu Uniu Dois Corações; A Maldição do Lobisomem).*

Esta situação inicial de carência é agravada pelo dano propriamente dito: crime *(O Céu Uniu Dois Corações, Coração de Luto, Mão Criminosa);* sedução *(O Homem de Nazaré, Coração Materno);* roubo *(O Céu Uniu Dois Corações);* maldição fatal *(A Maldição do Lobisomem).* A partir destas rupturas, a ação dramática encaminha-se em direção ao estabelecimento do equilíbrio e resolução da carência, com casamento e reafirmação dos laços conjugais *(O Céu Uniu Dois Corações, Coração de Luto, O Homem de Nazaré);* justiça *(O Céu Uniu Dois Corações, Coração de Luto, Coração Materno, A Maldição do Lobisomem);* perdão *(Coração Materno, O Homem de Nazaré, Mão Criminosa);* amor materno e fraterno *(Coração de Luto, Coração Materno, Mão Criminosa);* fé *(O Homem de Nazaré);* reconhecimento da inocência *(Coração de Luto, A Maldição do Lobisomem).*

O dano — seja qual for sua natureza — acarreta sempre desagregação nas relações familiares, ou, nos casos em que a situação inicial já apresenta algum tipo de desequilíbrio neste plano, constitui um fator de agravamento: orfandade *(O Céu Uniu Dois Corações, Coração de Luto, Coração Materno);* desavença entre mãe e filho

[11] "(...) a heroína é também ajudada por uma serva, um noivo, um camponês fiel (muitas vezes cômico) ou, freqüentemente, por uma criança.... As crianças apresentam uma evidente vantagem: elas são a representação viva da inocência e da pureza e, por conseguinte, catalisam as ações virtuosas ou más; pelo fato de serem, por definição, inocência e pureza, podem guiar a virtude através de numerosos perigos e utilizar vias inacessíveis à geração dos pais para desfazer as maquinações do mal" (Brooks, op. cit., p. 347).

[12] Os resumos das peças, com exceção de *Coração Materno* (incluído no capítulo "O Circo: Descrição Geral"), estão em apêndice, no final deste trabalho.

(Coração Materno, Mão Criminosa); desavença entre marido e mulher *(O Homem de Nazaré)*; desavença entre irmãos *(Mão Criminosa)*; sedução *(Coração de Luto, O Homem de Nazaré)*; suspeita de infidelidade conjugal *(O Homem de Nazaré)*; matricídio *(Mão Criminosa)*; uxoricídio *(A Maldição do Lobisomem)*; impedimento do casamento *(O Céu Uniu Dois Corações)*. A reparação do dano, no final, termina restabelecendo o equilíbrio, ou, no mesmo plano, com uma volta à situação anterior — harmonia no lar *(O Homem de Nazaré)*; eliminação do perigo *(A Maldição do Lobisomem)* — ou, em outro plano, com um novo casamento *(O Céu Uniu Dois Corações, Coração de Luto)* e, finalmente, pela exaltação do sentimento ou virtude desqualificados na etapa da carência *(Coração Materno, Mão Criminosa)*.

Estrutura narrativa / *Peças*	*Situação inicial*	*Desenvolvimento da ação*		*Resolução da carência*
		dano	*clímax*	
O Céu Uniu Dois Corações	Após transgredir uma norma, um empegado sofre acidente que redunda na morte da esposa, na cegueira da mãe e na perda do emprego. Pobreza, doença, desemprego, orfandade, morte.	Com o objetivo de tornar-se tutor do herói, para apoderar-se da herança, o vilão assassina seu pai fazendo recair a culpa sobre um ex-empregado da vítima.	O vilão impede o casamento do herói com a mulher que ama, obrigando-o a comprometer-se com a filha de um rico comerciante.	O vilão e seu cúmplice são desmacarados e presos; as personagens que encarnam os papéis de herói/vítima encontram-se para realizar seu desejo, ainda que depois da morte. Virtudes exaltadas: amor, justiça.
Coração de Luto	Filho de uma lavadeira é acusado de falta de respeito para com o patrão. Pobreza, orfandade.	O vilão mata a mãe do herói que, ajudado pelo cômico, consegue fugir.	O vilão procura conquistar a namorada do herói e arma-lhe uma cilada para acusá-lo de roubo e incêndio.	O vilão e seu cúmplice são desmacarados e presos e o herói casa-se com a pretendente rica. Virtudes exaltadas: amor materno, justiça, trabalho.
Coração Materno	Filho não ouve os conselhos da mãe, que procura dissuadi-lo do namoro com a filha do patrão. Desobediência, pobreza, orfandade.	Tanto o vilão (que é casado), como o filho desobediente disputam o amor da mesma mulher: amor proibido, num caso, e desaconselhado, em outro.	O herói, seduzido pela mulher, assume o papel de vilão: mata a mãe e arranca-lhe o coração para ofertá-lo à amada, como prova de amor.	Apesar de matar a mãe, a personagem que encarna os papéis de herói/vítima/vilão é perdoado pela mãe; o vilão propriamente dito é expulso. Virtudes exaltadas: amor materno, justiça.

Estrutura narrativa / *Peças*	*Situação inicial*	*Desenvolvimento da ação*		*Resolução da carência*
		dano	*clímax*	
Mão Criminosa	Desavença entre irmãos, pelo fato de um ter "feito mal" à namorada do outro, leva este último a abandonar a casa dos parentes.	O vilão, exasperado pelos conselhos maternos, que buscam afastá-lo do vício e da incredulidade, agride e mata a mãe.	O vilão enlouquecido, decepa a "mão criminosa" com uma machadinha.	O vilão é perdoado pela mãe. Virtudes exaltadas: amor materno, perdão, arrependimento, fé.
O Homem de Nazaré	Chefe de família, desempregado, não pode prover o sustento da casa. Pobreza, doença (filha paralítica), incredulidade, desemprego.	O vilão, causador da difícil situação familiar do ex-empregado, aproveita-se das circunstâncias para tentar seduzir sua mulher.	O herói/vítima desconfia da fidelidade da mulher e, revoltado com sua sorte e contra Deus, decide roubar.	O herói/vítima converte-se diante do milagre da cura de sua filha. Virtudes exaltadas: fé, fidelidade conjugal, arrependimento.
A Maldição do Lobisomem	Monstro desconhecido, que já semeou a morte em várias famílias, está atemorizando os moradores da localidade. Medo, mortes, violência.	O herói mata o monstro mas é atingido pela "maldição do lobisomem" por ter recebido ferimentos na luta.	Ao mesmo tempo vilão e vítima, o herói transforma-se no monstro assassino e mata sua noiva, também amaldiçoada por ter sido ferida.	A personagem vítima da "maldição do lobisomem", e portanto agressor, é morta, desaparecendo assim, a ameaça sobre as famílias. Virtudes exaltadas: amor, coragem, sacrifício.

O relato, que abriu com uma desordem inicial, fecha-se com o restabelecimento da ordem. Se se observam os valores, instituições e sentimentos tematizados pelas peças, e a maneira como se desenvolve a ação dramática, pode-se perceber que em todas elas o conflito central ou é diretamente uma desagregação da estrutura familiar, ou contribui para isso. A família é o ponto de referência da ação — mesmo naqueles casos em que ultrapassa seus limites —, e é no seu interior que ocorrem outras desordens: crimes, roubos, falsificações, suborno, injustiça, incredulidade, etc.

A natureza do conflito que abre a possibilidade da narrativa, sua resolução final e as demais rupturas que acontecem no transcurso da ação dramática, permitem, portanto, distinguir três unidades temáticas recorrentes e relacionadas entre si: família, autoridade, fé. A família constitui o tema mais abrangente, delimitando o espaço onde ocorrem os demais desequilíbrios. A desordem instaurada pela ruptura da lei ou do costume, ou pela quebra de uma norma religiosa, de uma maneira ou outra aponta para o núcleo principal da narrativa que é a família. O poder atua para reparar um dano que é próprio de sua alçada — roubo, crime, suborno, desobediência — cujas conseqüências, porém, fizeram-se sentir no âmbito das relações familiares e não sociais, em geral; a fé intervém menos para estabelecer um vínculo entre Deus e o homem do que para normalizar as relações entre marido e mulher, pai e filha, mãe e filho. Dir-se-ia, portanto, que a justiça divina ou humana tem como objetivo preservar não uma ordem geral, abstrata, mas a ordem familiar, cuja ruptura desencadeia o relato, e cuja reconstituição o fecha.

Com o propósito de verificar em que medida estas conclusões, obtidas na análise dos textos encenados — a partir, por conseguinte, do pólo emissor —, coincidem ou não com a opinião dos receptores, foram feitas algumas entrevistas com o público[13]. O primeiro dado que chama a atenção diz respeito à questão da família:

"P. — Qual a parte que você achou mais interessante?

R. — Olha, são aquelas parte mais romântica, mais emocionante. Porque teve as parte romântica, as parte com emoção e também as palhaçadas do Chico Biruta, mas aquilo lá é só pro povo se alertar um pouco mais.

P. — As palhaçadas no meio não tiram o sentido da peça?

R. — Não, porque vamos supor, aquilo é uma família, né, e numa família realmente existe os simpático, os antipático, os sincero, os brincalhão, os mais parado e os palhaço, tudo isso, né? A peça é como na realidade.

P. — Quantas vezes você já viu essa peça?

R. — Duas vezes. Realmente eu matei a segunda aula pra vim hoje, eu matava qualquer aula pra ver essa peça de novo."

(Trecho da entrevista realizada com Afonso, estudante e bancário, 22 anos, após a encenação de *O Céu Uniu Dois Corações* no Circo-Teatro Bandeirantes, Vila das Palmeiras, janeiro de 1980.)

[...]

"P. — O que você achou do drama?

R. — Esse drama aí, *O Fuscão Preto,* eu gostei porque acontece na vida real. Inclusive eu tenho uma irmã que morreu atropelada e por isso é que a parte que eu mais gostei, que emocionou foi aquela que a mãe morre no fim, aparece cheia de sangue. A outra coisa é o Terêncio, que é casado, e fica paquerando outra mulher, pois eu tenho um irmão que tem três mulheres. Eu já acho que só pode ter uma mulher, mas esses casos acontece, né? Mas eu gosto mais de comédia que é mais divertido, a gente dá muita risada do Chico Biruta, ele é fora de série."

[13] As dificuldades encontradas para entrevistar o público de maneira sistemática e controlada — nem sempre as pessoas se dispunham a falar, após o espetáculo e quando o faziam, suas observações muitas vezes não iam além de monossílabos — evidentemente restringem o valor de representatividade das respostas obtidas. Isto não significa, contudo, que devam ser totalmente descartadas: de uma forma ou outra são esclarecedoras como contraponto à análise dos textos. Sobre esta questão, ver mais adiante, o capítulo "Análise das Peças".

(Trecho da entrevista com Lúcia, estudante da oitava série, 16 anos, realizada após a encenação de *O Fuscão Preto,* adaptação de *Coração Materno,* Circo-Teatro Bandeirantes, Vila dos Remédios, janeiro de 1981.)

[...]

"P. — O que você achou do drama?

"R. — A parte mais bonita é quando o carro atropela a mãe do Décio, que foi na missa com a capa dele e a Lazinha se enganou matando ela, e aparece assim, cheia de sangue, e ele chora. Isso acontece na vida das pessoas. Agora, *O Céu Uniu Dois Corações,* que eu também vi e gostei, é quando eles se abraça no fim. Agora, não sei se isso acontece lá no céu. Mas tem a parte do sofrimento, no amor. Eu até chorei, na hora que o coração fecha com os noivo dentro. O drama é a realidade, é diferente das novelas de televisão, que não é como no circo que a gente vê as pessoas e acontece tudo, na televisão eles corta. Agora, aquela parte que o homem tem duas mulher, é assim mesmo."

(Trecho de entrevista com Fátima, balconista, 18 anos, realizada após a encenação de *O Fuscão Preto,* Circo-Teatro Bandeirantes, Vila dos Remédios, janeiro de 1981.)

Esta ligação que as pessoas fazem entre o que é representado no palco com situações familiares concretas, e que volta a aparecer em outras entrevistas, leva a supor que a temática da família — tal como é levada nas peças circenses — encontra ressonância no público[14]. É preciso reconhecer, no entanto, que arrancar o coração da mãe para ofertá-lo à amada, decepar a própria mão num gesto de arrependimento e desespero, transformar-se em lobisomem ou ainda poder realizar, no céu, um casamento impedido cá na terra, não são propriamente exemplos de situações "reais"... — o que não impede os entrevistados, contudo, de fazerem afirmações do tipo "o drama é como na realidade", "acontece na vida das pessoas", etc. Foi dito anteriormente que o "efeito de realidade" de certos discursos, isto é, a sensação que produzem de remeter diretamente aos fatos, não é o resultado de uma adequação entre discurso e realidade, mas da correspondência entre discurso e representações prévias, através de determinados mecanismos e manobras estilísticas próprios do gênero. Mesmo quando alguns desses recursos são reconhecidos como tais ("é suco de tomate", grita o público diante de uma "realista" cena com derramamento de sangue), aquele efeito não se quebra, pois a verossimilhança não se funda na relação entre o nível discursivo e a instância do real, mas entre aquele e as representações, valores, expectativas e sentimentos que mobiliza nos receptores[15]. O que torna verossímeis as peças circenses não é sua capacidade de refletir com exatidão a realidade de seu públi-

[14] O apelo à família, aliás, não é exclusivo das peças dramáticas; está presente nas comêdias, nos *sketches,* e é utilizado para qualificar o espetáculo circense em geral, "feito por uma família para as distintas famílias da localidade".

[15] Convém mencionar, a propósito, a reação do dono do Circo-Teatro Bandeirantes ao interromper a apresentação da peça *O Fuscão Preto,* para chamar a atenção de um grupo de rapazes que insistia em tumultuar o espetáculo: "Ninguém é obrigado a vim no circo, vem quem quer. Ninguém é obrigado a acreditar no que acontece no palco. O Décio, na vida real, tem a mãe dele que ele gosta e que não morreu, como acontece no drama. Eu também tenho a minha mãe, sou palhaço aqui, que a gente defende o pão, trabalhando. Faz dez anos que o Circo Bandeirantes leva a diversão para as famílias e é respeitado porque respeita. Se um dia a gente entrasse na casa desses bagunceiro aí, eles ia ver o que é educação, não o que eles estão fazendo aqui, que é a casa da gente". O que "Chico Biruta" censurava não era o desinteresse pela peça — afinal, uma mera representacão — mas a quebra de uma norma básica, o respeito e a educação que é preciso demonstrar em casa de família.

co, mas o apelo a temas que encontram ressonância nos espectadores — neste caso, a família — e a evocação de valores como o amor materno, fidelidade conjugal, respeito filial, etc. idealmente associados com a instituição familiar.

Passando, agora, da análise da estrutura das peças para sua montagem, no palco, começam a aparecer algumas situações à primeira vista incongruentes. O primeiro contraste que chama a atenção é a presença da comicidade no interior de representações "sérias". Com efeito, o caráter dramático da estrutura do texto é continuamente quebrado, na encenação, pelas intervenções cômicas, e muitas vezes diluído em função do tempo que essas situações ocupam e da forma como são construídas. Na realidade, cenas e personagens cômicas não são incompatíveis com o melodrama; ao contrário, fazem parte do gênero.

Esta característica é conservada pelo teatro circense, conforme se pode apreciar no depoimento de um autor de peças dramáticas, Ernani de Almeida, proprietário do Circo Bélgica:

"A alta-comédia, que é melodrama, precisa de um cômico que atrai a platéia e conserva o povo no prisma da alegria. É o ator frentista, o 'baixo-cômico', que não aparece de cara pintada, pois não é o palhaço. Tem ainda o 'segundo baixo-cômico', o 'galã', a 'ingênua' e a 'caricata'. Esta é uma dama de idade, esposa do 'baixo-cômico': ela faz confusões, entende de uma maneira e não é aquilo. É uma mulher austera, moralista, braba. O drama tem também o 'galã', a 'ingênua', mas o mais importante é o 'cínico': ele é que prepara a entrada dos outros. O 'cínico' é o mais importante, porque o 'galã' não tem força. Ele tem de conquistar a ira e não a simpatia da platéia. O 'galã' é sofredor e o 'cínico' tem de ser castigado para servir de exemplo. A tragédia começa como drama mas a situação se embaraça e passa do dramático para o trágico: loucura, possessão. Vai além das forças. O ator frentista tem de conservar o povo preso com o sentimento da vida, para prender na representação e assim consegue arrancar lágrimas. A peça busca uma vibração que nem todos os autores conseguem: o ator tem que sobrepujar. No fim acaba com as mortes, e o ator frentista tem que morrer. Com a fúria do ator frentista, foge do exemplo. Existe brutalidade, tem de ir para o clima de possessão. Na comédia, o mais importante é o palhaço. Ele vem pintado, é diferente do cômico. Todos os outros personagens giram em volta do palhaço."[16]

A presença da comicidade, portanto, e sua função, variam de acordo com os tipos de representação, os quais, na prática, reduzem-se a dramas (melodramas), comédias, chanchadas, *sketches* e entradas cômicas com palhaço e *clown*[17]. A rigor, nos dois primeiros — os únicos que possuem textos escritos — a comicidade está prevista

[16] Esta classificação, obtida numa entrevista realizada em 1979, em São Paulo (Vila Ieda, Grajaú, estrada do Boraré) concorda basicamente com a de Geraldo, proprietário do Circo-Teatro Biriba, entrevistado em 1978 numa cidade do interior do Paraná, São Mateus do Sul.

[17] Há alguns subtipos: drama de terror *(A Maldição do Lobisomem)* drama nordestino *(A Morte de Lampião)*, *bang-bang (O. Zorro contra o Bando do Cicatriz, O Sangue do Dragão Vermelho)* — este último obviamente com muitos tiros e mortes, a exemplo dos *westerns* norte-americanos.

no *script:* na comédia, evidentemente, como o elemento básico da ação e no drama, de maneira mais acidental e sempre subordinada à linha dramática.

Chanchadas, *sketches* e entradas cômicas, ao contrário, não têm *script,* ficando a cargo exclusivamente da improvisação dos atores, em especial do palhaço e *seu partner,* o *clown.* O enredo, na maioria das vezes, é apenas suporte para uma sucessão de *gags,* paródias, qüiproquós, gestos maliciosos e diálogos apimentados. "Chanchar" uma história, um acontecimento ou costume é dissolvê-los através desta forma de comicidade, para a qual tudo é pretexto: novelas de televisão *(Dona Frouxa e Seus Três Maridos, Te Cantei!),* lendas *(Drácula, o Vampiro da Noite),* fatos da vida cotidiana *(O Casamento de Chico Biruta, O Assalto, A Pensão do Sossego, A Corrida da Égua),* crenças religiosas (O *Macumbeiro da Vila Aurora),* profissões *(Chico Biruta, O Barbeiro de Vila Ipojuca),* etc.

É este o estilo de comicidade que é explorado também nas peças "sérias", e que tende a substituir as situações cômicas previstas nos velhos roteiros, já ultrapassadas e desprovidas de graça[18]. A representação, constantemente interrompida por referências a personagens e acontecimentos que não se encaixam na temporalidade e seqüência da ação — a queda do Skylab, os atributos de Sidney Magal, Waldick Soriano, os bailes do Zé Betio, os programas radiofônicos de Eli Correia e Gil Gomes, etc. — é muitas vezes paralisada para que o cômico e seu comparsa (que pode ser o galã ou o cínico) improvisem cenas inteiras que nada têm a ver com a linha narrativa, e que vão desde mal-entendidos verbais até o pastelão. É o que ocorre, por exemplo, com os indefectíveis "testes de inteligência" (sempre com duplo sentido), os espalhafatosos empurrões e rasteiras em cegos e aleijados[19], ou quando o cômico desarma, imobiliza e prende o vilão e seus cúmplices e, para gáudio do público, obriga-os a "rebolar". Outro expediente a que se recorre para provocar o riso é a utilização dada pelo cômico a determinados objetos: alicates, martelos e machadinhas como instrumentos cirúrgicos; estilingues, para enfrentar vilões armadas com revólveres — tudo exageradamente grande, da mesma maneira como os lápis, bengalas, espelhos, pentes de bolso, etc. Na peça *A Maldição do Lobisomem,* por exemplo, o recurso contra os poderes do monstro, a cruz, aparece sob as mais variadas formas e tamanhos; é esgrimida como arma (lança, porrete), serve de apoio, é empregada como alavanca — e isso para não citar senão seus usos menos maliciosos.

A presença destes elementos no interior de uma estrutura dramática na qual virtudes e sentimentos — o amor materno, a fidelidade, a fé, o amor puro, a justiça — são apresentados na retórica altissonante do melodrama como símbolos puros do bem em luta contra as forças do mal, à primeira vista pode parecer sem sentido e fora

[18] Muitas das situações cômicas que estão no roteiro da peça *O Céu Uniu Dois Corações* — como as confusões do comerciante português quando sua filha, que está aprendendo gíria brasileira, sai-se com expressões do tipo "Alberto é um pedaço", "ele é do balacobaco", etc. — evidentemente já não despertam nenhuma hilaridade.

[19] Antes de começar a peça *Os Milagres de Nossa Senhora Aparecida,* Chico Biruta dirige-se ao público — e especialmente às pessoas portadoras de algum defeito físico, presentes ao espetáculo — para esclarecer que "as brincadeiras com aleijados no drama não é por maldade, nem nada, mas simples brincadeiras e que não levem a mal, é tudo uma diversão sadia".

de propósito. Não é o que julgam porém os espectadores, como deixam transparecer as entrevistas[20], e os circenses — atentos aos gostos e preferências do público — sabem disso:

"[...] O negócio das partes cômicas no meio do drama, tem que ser assim, que o público gosta e não agüenta mais uma peça de cinco atos com muita falação, aí já começam a conversar na platéia e ninguém presta atenção. Eles gostam de movimento, de ação, eu entro e derrubo um, bato no outro. Se fosse um público selecionado, aí dava pra apresentar aqueles dramas antigo, mas você vê, é um público jovem, quinze, dezesseis anos, ou então gente mais velha que é pouco. Mas o que eles gosta mesmo é *O Céu Uniu Dois Corações,* já levamos nesta praça e quinta-feira vamos levar de novo. Outra peça que faz sucesso é *Os Milagres de Nossa Senhora Aparecida,* que o nome certo é *Os Milagres de Tambaú,* do padre Donizetti. Mas ninguém lembra dele, e o outro nome atrai mais. O título da peça é muito importante" (Marco Antonio Martini, "Chico Biruta", Circo-Teatro Bandeirantes. Vila dos Remédios, janeiro de 1982).

AS COMÉDIAS

Aquilo que num primeiro momento aparecia como *nonsense,* torna-se, contudo, mais inteligível quando se considera que o riso provocado pela chanchada, no interior do drama, de certa maneira relativiza o caráter absoluto das virtudes exaltadas, mostrando, por assim dizer, seu avesso. Este aspecto "dissolvente" da comicidade, no entanto, transparece com mais nitidez quando se analisam as peças cômicas propriamente ditas. Apesar do importante papel que desempenha nos dramas, a comicidade continua sendo, nessas peças, um elemento acidental e subordinado à estrutura narrativa; nas representações cômicas, porém, é o eixo em torno do qual se desenvolve a ação.

Seguindo o mesmo procedimento empregado na análise dos dramas, tomaremos como ponto de partida o resumo de uma peça cômica— *O Casamento de Chico Biruta* — para, em seguida, considerar o restante do *corpus;* antes, porém, alguns esclarecimentos fazem-se necessários. Como qualquer narrativa, as comédias — no presente caso, mais próximas da chanchada que da comédia propriamente dita — supõem uma estrutura cujos elementos mínimos e indispensáveis são um desequilíbrio inicial, e seu restabelecimento que marca o fim do relato[21]. O que caracteriza a chanchada, entretan-

[20] Eis algumas opiniões de espectadores, além das que já estão nos trechos de entrevistas anteriormente citados:
"[...]. Eu acho que o principal ali foi o Décio... ele fala bonito, tem uma voz bonita. Mas o Biruta é muito engraçado, ele é fora de série" (Marilena, estudante, dezesseis anos, Vila das Palmeiras, janeiro de 1981).
"[...]. Eu gosto de partes cômicas, porque a vida da gente já é uma tristeza, e ainda vem no circo pra ver mais tristeza? Se não fosse o Chico Biruta aí, nessa peça... ah, ia ser muito triste. Tem que ter o Biruta lá no meio" (Dalva, estudante, dezesseis anos, Vila das Palmeiras, janeiro de 1981).
"[...]. As palhaçadas no meio não atrapalha nada; é coisa de circo mesmo..." (Maria, dona-de-casa, cinqüenta anos, Vila dos Remédios, janeiro de 1982).

[21] Ver a nota 5 deste capítulo.

to, é a improvisação dos atores, principalmente da dupla palhaço e *clown:* a história, na maioria das vezes, é mero pretexto ou pano de fundo para as mais disparatadas situações, que acabam diluindo ou colocando em segundo plano o enredo, quando existe. Ao contrário do que ocorre no drama, a ação e as demais personagens, neste caso, giram em torno do cômico, na realidade o elemento estruturante da representação. Vale a pena, contudo, descrever a estrutura mínima que sustenta a narrativa das peças, pois é o que abre e delimita o espaço da improvisação e criatividade.

O Casamento de Chico Biruta
Chanchada em três atos

1.° Ato: casa, com mesa, sofá, cadeiras. Em cena, o marido

O marido queixa-se que sua esposa passa o tempo todo reclamando que quer um filho. Entra a mulher e começam a discutir: — "Faço força, mas não consigo", diz o marido; — "E com esta carestia não dá para ter filho". Finalmente o marido convence a mulher que já é suficiente o filho adotivo que têm, Chico Biruta, que entra em cena vestido com o uniforme do Corinthians. O pai recrimina-lhe o fato de não ficar nunca em casa, de pensar só em futebol, o que está causando desgostos à mãe. Para aproximá-los, decide que Chico Biruta e a mãe devem fazer uma viagem à Europa. O assunto da viagem enseja um longo diálogo sobre o nudismo que lá existe, e as conseqüências desse costume no Brasil, quando para cá vier: se todos andarem nus, como reconhecer a polícia, o que pode ocorrer num ônibus lotado, etc.

2.° Ato: mesma casa

Chegam, do interior, um irmão do marido, sua mulher e a filha. Sobem até o palco depois de atravessarem todo o circo, pelo setor central das cadeiras. Estão caracterizados como caipiras, o que motiva uma série de piadas do marido e de Chico Biruta. A chegada dessa família, que "veio passar uns dias na cidade", sugere ao pai uma idéia para afastar Chico Biruta do futebol e da rua: casá-lo com a sobrinha. Expõe ao irmão seu plano: no dia seguinte, que é o aniversário do filho, o presente será a noiva. O irmão caipira fica encarregado de transmitir ao moço, com muito jeito, a resolução, dizendo-lhe que vai ganhar, como presente de aniversário, "aquilo que ele mais gosta no mundo". Arma-se, então, um qüiproquó sobre o presente: Chico Biruta pensa que é uma bola de futebol, e o caipira está falando de sua filha: longa série de mal-entendidos: Chico Biruta diz que vai emprestá-la aos amigos, vai levar a um colega para enchê-la, que vai chutá-la até cansar, etc.

3.º Ato: mesma casa

Chico Biruta entra ansioso para receber o presente, e nem presta atenção à prima, vestida de noiva, que lhe é apresentada. Quando se desfaz a confusão, quer fugir. O pai, para obrigá-lo a casar, ameaça deserdá-lo. Então, a contragosto, aceita. E, sob as exigências do pai e do público, tem de beijar a noiva.

Pelo setor das cadeiras, aparecem o juiz (vestido de preto, com chapéu pontiagudo, como um feiticeiro, e com um enorme lápis na mão), o padre e o sacristão. O juiz é gago — novo motivo para jogo de palavras — e o padre, excessivamente barrigudo, engrola orações e frases em latim:

"— Em nome do Pai, do Filho e do Espírito Santo!"

"— Eu na berada e a nêga no canto...", responde.

"— Dominus vobiscum!"

"— Arroz com marisco..."

O padre, após uma série de tombos e safanões — quis beijar a noiva — consegue terminar a cerimônia com as palavras: "Dominus tecum, em nome do Pai, do Filho, do Espírito Santo e... saravá!": o sacristão entra imediatamente em "transe".

Organiza-se, então, o baile, várias pessoas da platéia são convidadas para a quadrilha, e dança-se, entre quedas e empurrões. O momento de abrir os presentes é aguardado com muita curiosidade, pois, além de sabonetes, perfumes, colônias, roupas, cintos e outros — todos trazidos pelo público — há alguns muito especiais (urinol, mamadeira, etc.).

Muitas dedicatórias, acompanhando os presentes, pedem para a companhia voltar ao bairro, já que com esta peça o Circo Bandeirantes costuma encerrar a temporada (Parque Boturuçu, Ermelino Matarazzo, abril de 1979).

A estrutura da peça cômica *O Casamento de Chico Biruta* é simples... e séria. O desequilíbrio que abre a história é uma situação de conflito familiar duplamente marcado pela carência: casal sem filhos está desgostoso com o rapazola que adotaram, pois não cumpre seus deveres filiais. A oposição básica que se estabelece é entre o filho adotivo (o cômico), de um lado, e o pai e demais personagens, de outro. A forma através da qual o pai pretende resolver o conflito — dar de presente, no aniversário do filho, "aquilo que ele mais gosta" — constitui o *imbroglio* da peça, pois o cômico entende que é uma bola de futebol, ao passo que pais e tios estão falando da noiva[22]. Quando se desfaz o engano, o cômico quer safar-se, mas é obrigado a obedecer sob ameaça de perder a herança. Com a realização do casamento resolve-se o problema que deu origem à história: "Chico Biruta" é, agora, um homem casado e supostamen-

[22] A respeito da dupla leitura que está na base do todo qüiproquó, ver Morin, 1970, p. 121 ss. e Greimas, 1966, p. 70-1.

te "responsável", e sua família, em vez de perder um filho, ganha, com o casamento, uma nova filha.

A sucessão de lances cômicos, no entanto, nem sempre acompanha esta seqüência narrativa. No primeiro ato, por exemplo, a cena mais explorada é a do diálogo sobre nudismo e não as travessuras do cômico, o que estaria mais de acordo com a natureza do conflito inicial; no segundo — além da previsível enfiada de mal-entendidos sobre o presente —, os parentes que chegam do interior, com suas roupas, sotaque e gestos caipiras característicos, são um prato cheio para as pilhérias do cômico. No terceiro ato, a paródia dos ritos matrimoniais é uma seqüência de *gags,* o baile é um festival de tombos e empurrões e a abertura dos presentes — esperado pelo público como o seu momento de revidar as galhofas do palhaço — termina em festa generalizada[23], com o que já se está muito longe daquilo que estruturalmente constitui o fecho do relato.

No quadro da página seguinte, vemos o que ocorre com as demais peças, cujo resumo encontra-se em apêndice, no final do trabalho.

Observando a estrutura das peças, vê-se que o desequilíbrio inicial afeta relações familiares *(O Casamento de Chico Biruta, O Conde Drácula, Chico Biruta, Mãe de Família),* relações de trabalho *(Chico Biruta, O Barbeiro de Vila Ipojuca)* e relações de trabalho em casa de família *(O Defunto Fresco).* A oposição básica da narrativa, porém, nem sempre coincide com a que desencadeia as situações cômicas. Em *Chico Biruta, Mãe de Família, O Conde Drácula, O Defunto Fresco, Chico Biruta, O Barbeiro de Vila Ipojuca,* o cômico desempenha papel de ajudante de uma das partes envolvidas no conflito principal — pai e filho, empregado e patrão, noivo e raptores — mas acaba "roubando" a cena e transformando-se no elemento polarizador da ação. Não é sempre, também, que a esperteza leva a melhor, no final. Em *O Casamento de Chico Biruta,* o cômico termina obedecendo ao pai e em *Chico Biruta, Mãe de Família, O Defunto Fresco* e *Chico Biruta, O Barbeiro de Vila Ipojuca,* é castigado. É interessante notar que em *O Casamento de Chico Biruta* de nada vale a esperteza do cômico diante da autoridade paterna, mas em *Chico Biruta, Mãe de Família,* é o pai (juntamente com seu aliado, o cômico) que sai derrotado por pretender impor sua vontade (casamento por interesse) contra o direito da filha de escolher o namorado (casamento por amor).

Do ponto de vista da estrutura, por conseguinte, as representações cômicas — da mesma forma que os dramas — inscrevem-se predominantemente no espaço das relações familiares e terminam com a virtude impondo-se sobre as tentativas de transgressão, seja do vício ou da esperteza: a prepotência, o rapto, a usurpação, o engano

[23] Festa de despedida do circo, muitas vezes até mesmo com o tradicional bolo de casamento, trazido pelo público.

Peças \ *Estrutura narrativa*	*Desequilíbrio inicial*	*Oposição básica*	*Resolução do conflito*
O Casamento de Chico Biruta	Casal sem filhos está desgostoso com o comportamento irresponsável do filho adotivo	Vontade do pai (casamento) *vs.* desejo do filho (diversão).	O filho adotivo, sob a ameaça de perder a herança, obedece ao pai, casando-se com a prima.
O Conde Drácula	O Conde Drácula, ajudado por um monstro, rapta duas moças.	Monstros *vs.* noivo e seu ajudante.	Os raptores são vencidos.
Chico Biruta, Mãe de Família	Filha não acata a vontade do pai, que desaprova seu namoro.	Vontade do pai (casamento por interesse) *vs.* sentimento da filha (casamento por amor).	O pai, o pretendente rico e o ajudante são castigados pelo namorado da filha.
O Defunto Fresco	Empregado, acreditando que seu patrão está morto, pretene casar-se com sua esposa e gastar sua fortuna.	Empregado usurpador *vs.* patrão enganado.	Empregado e seu ajudante são castigados.
Chico Biruta, o Barbeiro de Vila Ipojuca	Empregado, aproveitando-se da ausência do patrão, faz um amigo passar por médico, com o intuito de apossar-se do dinheiro das consultas.	Empregado usurpador *vs.* patrão e pacientes enganados.	Empregado e seu cúmplice são castigados.

são castigados. O desenrolar da ação, contudo, mostra uma significativa oposição entre a estrutura das peças e a maneira como são construídas as cenas cômicas, oposição que, como já foi assinalado, encontra-se também nas representações "sérias". Enquanto a proposta do drama é exaltar as virtudes ligadas à instituição familiar (fidelidade, amor conjugal, materno, fraterno, respeito filial), a chanchada tem como prato forte a sexualidade: O duplo sentido vinculado a relações sexuais, sedução, infidelidade, homossexualismo — através da palavra, da expressão corporal, da roupa — é o *leit-motiv* de toda representação cômica. Por outro lado, enquanto no drama os representantes do poder (polícia, juiz, promotor, patrão, autoridade paterna, médica) concorrem para a resolução do conflito básico, na comédia são transformados em caricaturas. O mesmo ocorre com a religião: símbolos cristãos (a cruz, orações em latim, a bíblia, O sinal-da-cruz), umbandistas (guias, transe), padres, freiras, sacristães, pais-de-santo — nada escapa à irreverência do palhaço, personagem que brinca com todas as instituições, pois não tem vínculos "sérios" com nenhuma delas.

Com a finalidade de observar mais de perto a figura do palhaço e sua comicidade característica, foi construído um segundo *corpus* com peças que são levadas habitualmente nos circos de variedades, para avaliar algumas das conclusões a que já se chegou com a análise dos dramas e comédias apresentados em circos-teatros. São onze representações curtas, colhidas em diferentes circos: *A Pensão de dona Estela, O Convite, O Castigo, A Esposa Sonâmbula, A Flor da Paixão* (Circo Rosemir, Três Corações, Estrada do Bororé); *O Beijo que Cura, O Assalto* (Circo Morelândia, Jardim Caiçara, Capão Redondo); *A Pensão do Sossego, A Corrida da Égua* (Circo Itami, Jardim Monte Alegre, Pirituba); *Viagem à Argentina, Viagem pelo Brasil* (Circo Maravilha, São Bernardo do Campo).

Na estratégia escolhida para a análise dos dramas e comédias que constituíram o *corpus* anterior, o primeiro passo foi a análise da narrativa de cada uma das peças que integravam o repertório dramático, de um lado, e das que formavam o conjunto das representações cômicas, de outro, com o objetivo de identificar os elementos estruturais da ação. Em seguida, foram comparados os dois subconjuntos em função de algumas regiões temáticas recorrentes — família, poder, religião — concluindo-se que enquanto as representações "sérias" tendiam a qualificar positivamente tais instituições, reforçando os valores a elas ligados, as peças cômicas transformavam esses mesmos valores e instituições em caricaturas, mostrando, por assim dizer, seu avesso.

Este outro *corpus* está constituído por pequenas representações, sem *script,* construídas e ambientadas com elementos do cotidiano: pensões, briga de casais, o pagamento do dia dez, assalto, namoro, sedução, pequenas espertezas, etc.; cada relato parte de uma situação com duplo sentido e se desenvolve em torno da oposição que se estabelece entre palhaço e *clown*[24]. Diferentemente da situação anterior, não há um conjunto de peças "sérias" que de imediato pudessem servir de contraponto à análise. Se se pretende, no entanto, escapar ao risco de uma análise conteudística, é preciso buscar o contexto em outro lugar. Este contexto, no caso, é o próprio cotidiano dos espectadores, de onde são tirados os elementos que servem de base e pretexto para a representação. Levando em conta, ainda, uma das linhas mestras dos mal-entendidos — o sexo — pode-se considerar como contraponto o conjunto das peças circenses que enfatizam a família como lugar da sexualidade permitida; o próprio circo, "diversão

[24] Ver o resumo de algumas delas, no apêndice.

feita por uma família para as distintas famílias da localidade"; e a importância que as relações familiares representam para este público em particular.

Nesse sentido — e tomando o *corpus* em seu conjunto — confirma-se a conclusão a que se chegara anteriormente: as representações cômicas estabelecem, pelo riso, um distanciamento diante de determinadas instituições e padrões de comportamento presentes e valorizados já seja no próprio palco circense, através dos dramas, já seja no contexto do dia-a-dia do público que a eles assiste. A propósito, é ilustrativa uma observação de Oswald de Andrade, sobre a sátira: "Nela o oprimido se sente justiçador. É a revanche, a descarga, a vindita. [...] a eficácia da sátira está em fazer os outros rirem de alguém, de alguma instituição, acontecimento ou coisa. Sua função é, pois, crítica e moralista. É, através da ressonância, a deflagração de um estado de espírito oposto. A sátira é sempre oposição"[25].

Não é o caso, evidentemente, de exagerar o caráter contestador da comicidade circense — nota-se que a sátira política explícita, por exemplo, muito comum no circo até meados dos anos sessenta, desapareceu quase que por completo de seus palcos. De qualquer modo é inegável que em alguma medida aplica-se à comédia circense uma afirmação do crítico Anatol Rosenfeld, sobre o teatro em geral: "Não se pode deixar de notar o senso de justiça e o *pathos* da sinceridade que se manifestam muitas vezes através da irrupção dessa ira vomitando paixões obscenas, blasfemas e asquerosas. Em alguns casos parece revelar-se um desejo quase religioso de catarse, de uma grande purgação coletiva... O impulso de arrancar a máscara de um mundo mentiroso, cínico e hipócrita é legítimo. A máscara — símbolo do teatro e de Dionísio — sempre serviu para desmascarar as aparências e convenções e revelar a verdade". (Rosenfeld, in Fonseca, op. cit., p. 94).

Ou, no caso do circo, ao menos para pôr em evidência o caráter ambíguo da relação que se tem com instituições cuja prática nem sempre confirma o discurso com o qual se apresentam, e cujas conseqüências são percebidas de maneira palpável e dramática justamente por aqueles setores que — na distribuição da riqueza social, na participação política e no usufruto dos serviços básicos — recebem os menores quinhões. Assim, por exemplo, a valorização e importância da família constrastam com as dificuldades em mantê-la estável e dignamente, como se deseja; o papel da polícia — segurança e preservação da ordem — é negado pela violência de que é protagonista; o ideal de equanimidade da justiça entra em choque com a desigual repartição do rigor e complacência de seus ditames; ou, ainda, a expectativa diante do pagamento do dia dez contrasta com a insuficiência da quantia recebida.

Este é o quadro de descompassos que fornece a matéria-prima das representações

[25] "A sátira na literatura brasileira" in *Boletim Bibliográfico da Biblioteca Pública Municipal de São Paulo*, 21/8/1945, p. 39-40, citado por Fonseca, 1979, p. 116 e 48.

a cargo da dupla composta por palhaço e *clown,* personagens que sustentam a comicidade circense e que merecem, por esta razão, alguns comentários adicionais.

O termo *palhaço* vem do italiano *pagliaccio,* que significa vestido de palha, designando também o pano grosseiro do colchão de palha. Como este cômico vestia uma roupa larga como um saco e de pano rústico (semelhante ao forro dos colchões), o nome passou, por analogia, a designá-lo. Esse artista de cara pintada, de calças demasiadamente largas e curtas sustentadas por suspensórios, camisa rematada por um enorme colarinho, bengala e sapatos imensos, boca pintada de vermelho e com a calva circundada por um tufo de cabelos ruivos, é também conhecido por outros nomes: *clown, toni, arlequim, pierrot, auguste.* Essas denominações, no entanto, conotam matizes diferentes ao personagem cujas origens remontam às tradições das mímicas gregas e romanas, sendo encontrado nas feiras populares medievais, nas cortes reais e na *Commedia dell'Arte* italiana. *Clown,* por exemplo, parece ser uma corruptela da palavra inglesa *clod,* que significa camponês, colono, e por extensão, rústico; nos inícios do circo moderno não designava todos os cômicos de pista, mas um tipo especial, o camponês grotesco e desajeitado que pede para andar a cavalo e é antes de mais nada um cavaleiro cômico. Caracterizado mais tarde como um personagem de rosto lírico, muito branco, ricamente vestido e com um chapéu em forma de cone, contracenava com outro cômico de roupas pobres, ingênuo, trapalhão — o palhaço. A dupla era conhecida como *"toni* e *clown" ou "auguste e clown".* Tanto *auguste* como *toni* eram apelidos ou nomes dos cômicos que exerciam a função na dupla[26].

O *clown* não se apresenta mais com o clássico chapéu cônico, roupas luxuosas, *pailletés;* vestido com apuro — "boa pinta" e com boa lábia — conserva a característica de tentar aproveitar-se da ingenuidade de seu *partner* por meio de artimanhas e espertezas.

O palhaço — pelos nomes que ostenta, pelas roupas que veste, pelos gestos, falas e traços que o caracterizam — sugere a falta de compromisso com qualquer estilo de vida, ideais, instituições ou objetivos. Aparece como um ser absolutamente deslocado, ridículo, ingênuo, impossível de ser levado a sério. Personagem ambígua por excelência, adquire forma e valor em situações concretas, como o coringa do baralho; é esse seu descomprometimento, sua aparente ingenuidade, no entanto, que lhe dão o poder que tem, como o bufão do rei: pode zombar de tudo e de todos, impunemente. Se pensamos na história do esperto alfaiate que vendeu o imaginário traje para o rei, sob a alegação de que só os inteligentes poderiam apreciar sua beleza, o palhaço seria o único personagem que, como a criança, poderia dizer que o rei estava nu. É ele quem põe em

[26] Cf. Fonseca, op. cit., p. 20-1, aqui resumidas.

ridículo a todos, desmascarando tanto o *clown*, o poder, santos, cultos, religiões. Mas pode também ele próprio ser objeto de zombaria, ser ludibriado, ser induzido a dizer aquelas palavras que os demais não ousam proferir. Pode ainda protagonizar cenas de conteúdo dramático, como na peça circense do *corpus* analisado *O Céu Uniu Dois Coracões*, quando a heroína, por desconhecer a participação do palhaço na armadilha preparada para desmascarar o vilão, recrimina-o duramente e dá-lhe uma bofetada. Até então "Chico Biruta", o palhaço, cumprira seu papel de caricaturar tudo: amor, religião, doença. Nesse momento, porém, profere a frase de impacto:

"[...]. Não fico chateado com você, Nely, por causa do tapa, pois ele não doeu em mim e vai doer muito mais em você quando souber toda a verdade..." E, incontinenti, desfaz o clima: — "Não doeu, hem... até agora está ardendo..." (à parte).

Nas peças dramáticas, a participação do cômico é limitada pela ação dos demais personagens e pelo desenvolvimento do enredo; nas pequenas representações, porém, isto não acontece e o palhaço torna-se centro e suporte de qualquer ação: pode ser tanto o mais crédulo como o mais esperto. Na maioria das vezes, porém, começa como ingênuo e termina levando vantagem sobre o próprio *clown*.

Esta característica pode ser vista num outro tipo de espetáculo muito comum nos circos de variedades, que é a luta-livre. Seus protagonistas são o lutador-vilão, o lutador-herói e o juiz. O animador do circo os apresenta marcando os papéis: o primeiro, prepotente e desafiador do público (como os vilões dos dramas) é recebido com estrondosas vaias; o segundo, aparentemente mais fraco, humilde, conquista as graças do público: é aplaudido. O juiz, sobre cuja masculinidade o animador lança explícitas dúvidas, é apresentado como venal, parcial, em conluio com o lutador forte/vilão. E na luta enfrentam-se os três personagens, o juiz claramente do lado do vilão, fechando os olhos às suas faltas, sendo porém excessivamente rigoroso e injusto com o mais fraco. A luta termina com a vitória do fraco sobre o forte, e com o castigo do juiz, o qual acaba apanhando igualmente. É mais um exemplo do ritual de inversão, na mesma linha de desempenho do palhaço que, aparentemente mais fraco e ingênuo, no final impõe-se sobre os poderosos.

DESAGREGAÇÃO OU TRANSFORMAÇÃO?

O espaço ocupado pela comicidade, até mesmo no interior do drama, à primeira vista poderia ser considerado como um sintoma de desagregação daquilo que seria a parte central do espetáculo do circo-teatro. Aliás, assim o consideram alguns artistas de longa tradição teatral nos palcos circenses:

"Primeiro o público suportava uma peça dramática na íntegra, como o autor escreveu. Primeiro não existiam essas cenas cômicas tão avançadas, com essa esculhambação e tudo. Agora tem que ser isso. Senão não agrada. O senhor conhece *O Céu Uniu Dois Corações,* o autêntico? Só salientava-se o gago, o português a fazia suas graças, mas dentro da métrica. Hoje tem que esculhambar tudo. Eu tenho a impressão que a gente vive é uma neurose coletiva. Então a platéia vem ao circo e quer extravasar. Tanto na cena de choro, como na cena de riso. Quando ri é para valer, de verdade. Quando chora, chora de verdade. Mas eu acho que eles estão apelando demais para a comicidade. Querem extravasar o cansaço, o dia de trabalho, o ônibus, principalmente em São Paulo. Fiz muitos anos teatro com o Antenor Pimenta. Era um teatro da pesada, como se diz hoje. Teatro bom, teatro puro. Teatro maravilhoso, onde se gastava dinheiro na montagem. Mas hoje não se pode fazer mais isso. Não compensa. Levar-se assim uma *Mestiça,* com cenário montado e tudo... Tem que ir já deturpado, senão o público não aceita. Sai insatisfeito porque não viu o pretinho dar uma cambalhota. Não viu um outro entrar com a cara riscada, um outro rolar no chão, e aquela coisa toda. É isso que a velha artista hoje reclama. Eu sinto muito, faço a minha palhaçada porque sei que sem isso não vai. Mas sinto e sinto fundo, porque é aquele amor que a gente tem, aquela garra" (Lourdes Leal, Circo do Carlito, Vargas, 1976).

No entanto, apesar de suas queixas, Lourdes Leal continua trabalhando em circo, adaptando-se a mudanças que se chocam com sua concepção de "teatro bom", "teatro puro", mas que se inserem no processo mais geral de transformações a que esta forma de entretenimento está sujeita.

A vitalidade do circo reside justamente em sua capacidade de amoldar-se não só às condições de existência de seus produtores e consumidores, como também na de estabelecer continuamente vínculos com outros centros de produção de cultura e entretenimento. A presença dos meios de comunicação de massas no interior das manifestações de cultura e lazer populares, apontada como o principal fator de desagregação dessas formas, é um fenômeno que possui antecedentes históricos na vida do circo-teatro.

José Ramos Tinhorão, no livro *Os Sons que Vêm da Rua* (1976), faz referência a um trabalho de Elza Dellier Gomes[27] no qual a autora transcreve uma história humorística entremeada de estribilhos contados por um palhaço de circo no bairro do Brás em 1883, versão circense das populares cançonetas dos cafés-concerto imitadas do

[27] Gomes, Elza Dellier. "Uma Estória de Palhaços". *Correio Paulistano,* São Paulo, 28/5/1950, in Tinhorão, 1976, p. 140.

vaudeville francês. Segundo Tinhorão, desde a segunda metade do século XIX, entre as múltiplas atribuições do palhaço, figurava a de cantar, ao violão, modinhas e lundus, muitas vezes compostas por eles mesmos. Dois famosos cantores do início da indústria do disco no Brasil, Eduardo das Neves (1871-1919) — autor da modinha *Conquista do Ar,* 1903, em homenagem a Santos Dumont — e Mário Pinheiro (1880-1923) começaram suas carreiras como palhaços de circo. Eduardo das Neves, junto com outro palhaço negro, Benjamin de Oliveira, adaptou a opereta *A Viúva Alegre,* de Franz Lehar, para o circo com o título *A Sentença da Viúva Alegre* comédia crítica em 2 atos, encenada no circo Spinelli no Rio de Janeiro em 1910, dois meses após sua apresentação nos teatros de elite. A instrumentação das músicas da opereta para banda esteve a cargo de Paulino Sacramento, maestro de orquestra de teatros de revista. Benjamin de Oliveira levou também, para o circo, *Otelo,* de Shakespeare (Tinhorão, op. cit., p. 156).

Com o advento da era do rádio, músicas de sucesso como *O Ébrio, Coração Materno,* de Vicente Celestino foram transformadas em peças teatrais, representadas nos palcos circenses. Já em meados da década de trinta, o aparecimento dos programas de auditório nas rádios teve imediatamente seu similar nos circos, que começaram a montar *shows* com aspirantes a cantores e a apresentar artistas já consagrados. Tonico, da dupla Tonico e Tinoco, conta sua estréia no circo, na década de quarenta:

"[...] tudo o que nós temos até hoje, nós devemos ao circo. Quando nós começamos na rádio, e então o primeiro secretário nosso era dono de um circo chamava-se Sertãozinho, então ele falou, olha, hoje vocês vão fazer um showzinho lá no meu circo e foi novidade, entendeu? Novidade, encheu o circo. Então dali que começamos a trabalhar em circo, que antes de nós proprietário nenhum de circo, não, nem conhecia dupla caipira, não davam *show.* Então nós somos pioneiro dessa penetração em circo dos artista de rádio, os violeiro" (Vargas, 1981).

E ao lado das duplas sertanejas tocadoras de modas-de-viola, corridos mexicanos e guarânias paraguaias, começaram a aparecer conjuntos de música "jovem", cujas guitarras elétricas foram presença obrigatória nos palcos dos circos (Tinhorão, op. cit., p. 159). E quando os programas de auditório das rádios e as radionovelas (como *O Direito de Nascer,* representada com sucesso por elencos circenses) são suplantados pela televisão, os cirquinhos de lona não se abalam e procuram, de uma forma ou outra, conviver com o poderoso meio de comunicação, como sempre fizeram com outros *media* e centros produtores de cultura e entretenimento.

Este processo de transformações a que o circo, como forma de entretenimento popular, está sujeito, levou a uma diferenciação na estrutura e espetáculo circenses.

Conforme foi assinalado antes, existem atualmente três categorias básicas: o circo "de atrações", o circo-teatro e o de "variedades".

Os dramas e comédias anteriormente analisados constituem o elemento central do espetáculo dos chamados circos-teatros, que os diferencia daqueles mais tradicionais — "de atrações" — em geral de grande porte, com infra-estrutura moderna e dedicados à antiga arte circense: números eqüestres, equilibrismo, doma de animais, destreza, etc.

O contato com os artistas no seu habitual ponto de encontro e mercado de contratações, às segundas-feiras, no Largo do Paiçandu, e as saídas a campo mostraram que uma parte significativa dos circos que perambulam pelos bairros periféricos pertence à categoria dos circos de variedades. Enquanto o circo-teatro se estrutura em torno de um repertório de dramas e comédias, e o circo convencional, ou "de atrações", conserva fundamentalmente o espetáculo circense tradicional, o de variedades é um verdadeiro *pot-pourri* dos mais heterogêneos números. Diferentemente dos dois primeiros, organizados basicamente em função de um produto final específico, o circo de variedades transforma qualquer coisa em espetáculo. É, na verdade, o circo mais pobre, circulando pelos bairros mais afastados. Enquanto o Circo-Teatro Bandeirantes, por exemplo, realiza seu circuito na região da Freguesia do Ó, Casa Verde, Bairro do Limão — com uma média de dois meses em cada praça — e os grandes circos de atrações (Circo Orfei, Circo Vostok, Tihany e outros), apoiados por organismos como a Paulistur, instalam-se por doze, dezoito ou mais meses, no Anhembi, o Circo Rosemir, de variedades, percorre os bairros mais distantes dos confins de Santo Amaro, permanecendo não mais de um mês em lugares de difícil acesso e carentes de recursos.

Na realidade, poucos são os circos com condições de sustentar bandas, animais amestrados e um numeroso elenco de artistas cujas modalidades exigiriam um longo período de aprendizagem e treinamento — o que era feito em outras épocas no seio da própria família circense. Havia, no entanto, algumas poucas companhias que se encaixavam nesse grupo. Outros optaram pelo teatro, bem menos dispendioso de manter. Os dramas circenses operam com um número fixo de personagens — o "cínico", o "galã", a "caricata", o "baixo-cômico", a "ingênua" — que são utilizados também nas comédias e chanchadas. É verdade que as famílias circenses já não são numerosas e muitos de seus membros, principalmente os mais jovens, abandonam a carreira teatral. No entanto, é possível contratar, no encontro semanal no café dos artistas, um bom "cínico" ou "caricata": meia hora de ensaio, e o ator contratado está em condições de entrosar-se na *troupe* com a qual irá trabalhar. Quando o recurso a artistas independentes torna-se excessivamente dispendioso, naqueles casos em que seria necessário contratar quase todos os atores para levar uma peça, abandona-se o teatro e parte-se para as "variedades". Isso não impede que vez por outra se contratem grupos especializados para uma função, como "Waldomiro Ferreira e seus Cangaceiros", que vendeu seu circo e se dedica a oferecer *shows* e dramas de inspiração nordestina em outros circos; "Compadre Moreira e Adelaide", com *shows, sketches* e comédias na linha caipira; "Leo Canhoto e Robertinho", com música sertaneja "renovada" e *bang-bang (O Sangue do Dragão Vermelho);* "Disneylândia", "Sítio do Picapau Amarelo", que fazem *shows* infantis nas *matinées* de domingo, etc[28].

Desse modo, mesmo nesses circos de variedades, onde se sucedem duplas sertanejas, números de magia, contorcionismo, cantores "jovens" — lançados por determinadas emissoras de rádio e programas de televisão — bailarinas, animadores de programas radiofônicos populares, luta-livre, etc., não faltam nunca pequenos dramas e comédias ou ao menos as "entradas cômicas" e *sketches* a cargo do palhaço e *clown* da casa.

Se esta forma de entretenimento popular sobrevive adaptando-se às características e gosto de seu público e às influências externas, conserva, no entanto, alguns elementos que constituem seu arcabouço, presentes tanto nos circos-teatros como nos circos de variedades.

Em primeiro lugar, seu caráter de festa. Aquela armação de lona, barulhenta e colorida, instalada em bairros operários densamente povoados mas esquecidos por urbanistas e planejadores, não deixa de ser um elemento familiar para os mais velhos, evocando seguramente cenas de uma infância interiorana; para os mais jovens, é lugar de encontro onde poderão ouvir seus cantores, dançar, cantar, seja no palco ou nas arquibancadas durante os entreatos; para as crianças, espaço aberto às correrias, ao sobe-e-desce do "poleiro", às brincadeiras e jogos organizados pelo palhaço.

O segundo elemento constitutivo do espetáculo circense é a música, desde as modinhas e lundus do século passado até o "som jovem" de hoje, sem esquecer a música sertaneja, os cantores românticos. Talvez não seja uma música elaborada, renovadora, mas em todo caso é a que o trabalhador escuta em seu radinho de pilha nos programas de Eli Correia, Hélio de Aguiar, Zé Betio, Barros de Alencar: músicas de Leo Canhoto e Robertinho, Milionário e José Rico, Tonico e Tinoco, Sérgio Reis; cantores "jovens" como Sidney Magal, Milton César, Roberto Leal e outros, cujos discos são tocados nas festas de fim de semana nos bairros da periferia; são, enfim, canções infantis, de roda, cantadas pelo público das *matinées* de domingo.

E, em terceiro lugar, o teatro. Dramas, comédias, chanchadas ou simplesmente

[28] Ver, a propósito, Della Paschoa. P. — texto e fotos — in Cedran, 1978.

gags e diálogos apimentados entre o palhaço e seu *partner, o clown* — a representação está sempre presente. Se é uma peça dramática, o paradigma é o melodrama, com seus gestos exagerados, situações estereotipadas, entoação enfática e altissonante. Como no melodrama clássico, a virtude, aqui ameaçada por um perigo iminente, é levada de roldão pelo mal que parece triunfar. "O galã é fraco" — nos diz Ernani de Almeida, velho ator e proprietário do Circo Bélgica — "o cínico é que deve conquistar a ira do público para que a simpatia recaia sobre o galã, no final"[29]. No drama circense a retórica melodramática cai muitas vezes no grotesco, em função da pobreza de recursos, mas seu conteúdo "dramático" não deixa de ser reconhecido pelo público. Assim, numa determinada representação da peça *Coração Materno,* quando o herói tropeça e o coração da mãe que ele trazia entre as mãos para ofertá-lo à amada, salta aos ares, ... e cai fora do palco, a platéia não pode conter uma sonora gargalhada, imediatamente transformada em profundo silêncio quando a música que dá o tema à peça aumenta de volume nos alto-falantes, indicando o clímax da ação: não está em jogo a *performance* do ator, mas o sentimento representado, que é o amor materno.

Se se trata de uma representação cômica, o elemento central é a improvisação, no estilo da *Commedia dell'Arte,* a cargo do ator frentista, o palhaço, coadjuvado pelo *clown.* E com o palhaço e sua improvisação tocamos no eixo central do espetáculo circense. Irreverente, sem compromissos com nada nem com ninguém, qualquer coisa pode ser alvo de suas tiradas corrosivas. Família, autoridade, religião, moral, doença, convenções sociais — nada escapa ao gesto ou palavra do palhaço, representante de uma comicidade que desmistifica o caráter absoluto e intocável dessas instituições e valores: o inspetor de polícia com medo, o escrivão ou então o juiz (cuja palavra condena ou absolve), gago e vestido como feiticeiro, o padre abraçando a noiva, o sacristão com ameaça de transe, a cruz, utilizada em mil e uma situações pouco piedosas[30].

Não se trata, como foi assinalado antes, de uma crítica direta à dominação exercida por essas instituições. Mais que nada, é uma aproximação burlesca que provoca o riso catártico, se se quiser, mas que de qualquer modo não deixa de ser uma atitude quase insolente — impensável fora daquele espaço e em outro personagem que não o palhaço[31].

Seja qual for a categoria do circo — de variedades, de atrações ou circo-teatro — o palhaço e sua comicidade ocupam nele um lugar privilegiado. Diríamos mesmo que é sua peça estruturante, não importando a natureza ou a quantidade de inovações pelas quais o circo tenha passado. É a figura do palhaço e sua irreverência que susten-

[29] Note-se a coincidência dessa observação com o que afirma Brooks, por exemplo, a respeito da denominação popular da rua onde se situavam os teatros de Paris: "Batizando o Boulevard du Temple como 'O Boulevar do Crime', o público contemporâneo reconhecia implicitamente que, apesar do triunfo posterior da virtude, o que fascinava era o instante em que o mal reinava. O vilão tinha o principal papel masculino, aquele que era desempenhado pelos atores célebres. O prestígio do mal no melodrama deriva de sua força assombrosa: ele evita os obstáculos, executa instantaneamente seus projetos, suprime as forças opostas" (Brooks, 1974, p. 349).

[30] "O casamento, as cenas de júri, casos envolvendo a polícia e casais amorosos parecem estar arraigados na tradição cômica do circo. Yan de Almeida Prado afirma ter ido muitas vezes assistir às várias interpretações de Piolin nestes arremedos do cotidiano e das instituições. Waldemar Seyssel — Arrelia — recorda seu 'Tribunal de Palhaços' em que fazia o papel de juiz, acompanhado por um escrivão gago, uma máquina desconjuntada, um réu mudo e músico, que no final acaba falando" (Fonseca, 1979, p. 53).

[31] Num fórum de debates realizado na 30.ª Reunião Anual da SBPC em São Paulo (1978) foram convidados vários artistas para debater a questão da cultura popular. Presentes alguns atores circenses, pediu-se-lhes que dessem uma demonstração de

tam o arcabouço dessa forma de entretenimento popular, assim como a bateria é considerada por alguns como elemento aglutinador da escola de samba, cante seu enredo a saga de Zumbi ou o custo de vida, apresente poucas ou muitas alas, sejam suas fantasias pobres ou luxuosas.

Os circenses costumam reagir à afirmação de que o circo está morrendo com o argumento de que "enquanto existir uma criança, existirá o palhaço e com ele o circo". Essa frase contém, em sua aparente ingenuidade, uma série de profundas implicações: a referência à criança sugere algumas considerações na linha de reflexão de Octave Mannoni a respeito do teatro como espaço da fantasia, através do mecanismo da "denegação": sabe-se que aquilo que está em cena é ilusão, mas de qualquer forma mergulha-se nessa ilusão à maneira do sonho; os sentimentos vividos são reais enquanto dura a representação.

A condição para deixar-se absorver pela ilusão com o conhecimento — que se dissimula — de que tudo não passa de fantasia, é pensar que ao lado há um espectador mais ingênuo que, esse sim, é iludido, não distinguindo o real do sonho, como o camponês no exemplo de Mannoni, que ao assistir pela primeira vez uma representação do *Júlio César,* põe-se de pé no começo da cena do crime e grita — "Cuidado! Eles estão armados!". A ingenuidade desse espectador é a garantia para se viver aquela fantasia de maneira absoluta, mas com a certeza (escondida) de que tudo voltará a ser como era, quando cai o pano.

O autor cita ainda um costume do povo hopi segundo o qual, em determinadas épocas do ano, personagens chamadas *Katcina* apareciam para assustar as crianças, com a cumplicidade dos adultos. Após analisar a forma como se conserva e transmite essa crença — só depois dos ritos de iniciação da puberdade os jovens descobrem que eram seus pais e tios os que animavam as máscaras *Katcina* — conclui: "Os iniciandos, por sua vez, participarão na mistificação e pode dizer-se que as crianças são o sustentáculo da crença dos adultos. Em algumas sociedades também as mulheres formam parte dos crédulos; em todas, porém, as crenças repousam principalmente na credulidade das crianças" (Mannoni, 1973, p. 15).

Aquela afirmação de que "enquanto houver uma criança, existirá o palhaço" adquire, assim, novo alcance. O palhaço, deslocado no mundo "real", é verossímil no universo infantil. Absolutamente explícito e redundante, nos gestos e palavras, repete sempre as perguntas e instruções de *seu partner;* como seu público, ele troca as palavras, inverte as letras[32], é crédulo e sempre apanha dos mais fortes; no entanto, é delirantemente aplaudido pela meninada quando no fim se revela como o mais esperto. Todas essas "palhaçadas" não impedem (ao contrário, justificam) que circunspec-

sua arte. Ademir, o palhaço "Vai-Vai" do Circo Rosemir, improvisou um *sketch,* envolvendo o sinal-da-cruz numa situação cômica de duplo sentido. Aracy Faya, artista de longa tradição em circo, mais tarde criticou seu colega não pela representação em si, mas por tê-la feito "de cara limpa", isto é, sem estar caracterizado como palhaço.

32 "(troco as letras) justamente porque as crianças gostam disso. Porque se falar uma palavra corretamente tem certas crianças que não entende. Então, trocando as palavras, pra criança se torna mais fácil, mais engraçado e ela entende melhor. É porque a alma do palhaço é a criança. O palhaço é a alma do circo. Geralmente a criança gostando do palhaço os pais terão que vim. É esse o caso" (Mariovaldo Benelli, Circo American, Vargas 1981).

tas senhoras e sisudos cavalheiros, tímidas mocinhas e debochados rapazes permaneçam pendentes dessa personagem quando toma como objeto de seus *gags*, piadas, gestos e zombarias os mais respeitáveis valores, convenções e instituições.

Para finalizar este capítulo, uma última observação sobre os resultados obtidos com a análise do espetáculo circense que mostram a coexistência, num mesmo espaço, de discursos que negam e afirmam, valorizam e desqualificam, respeitam e ridicularizam. Se tomássemos cada um destes conjuntos discursivos — os "sérios" e os cômicos — isoladamente, seríamos tentados a classificar os primeiros como conservadores, e os segundos, digamos, como perversos. E daí a tirar conclusões do tipo: os valores do público são conservadores, conformistas[33] ou, a família do trabalhador, sob o peso da exploração, do capital, etc., está se desagregando, é um passo. Se, ao contrário, os pensamos com subconjuntos que se cruzam e complementam, é possível chegar a outras conclusões, menos categóricas.

Convém recordar, a propósito, a análise que Antônio Cândido faz do romance *Memórias de um Sargento de Milícias* na *Dialética da Malandragem* (1970). Neste trabalho o autor procura demonstrar que a eficiência e durabilidade com que a obra de Manuel Antônio de Almeida atua sobre os leitores devem-se não ao caráter documentário que geralmente se lhe atribui, mas à presença, no texto, do que ele chama de situações e personagens arquetípicas capazes de despertar ressonância na imaginação dos leitores. Além deste plano existe outro, menos universal, mas próximo de situações e personagens característicos da sociedade brasileira:

"Nas Memórias, este segundo estrato é constituído pela dialética da ordem e da desordem [...]. O seu caráter de princípio estrutural, que gera o esqueleto de sustentação, é devido à formalização estética de circunstâncias de caráter social profundamente significativas como modos de existência; e que por isso contribuem para atingir essencialmente os leitores. Esta afirmativa só pode ser esclarecida pela descrição do sistema de relação dos personagens, que mostra: 1) a construção, na sociedade descrita pelo livro, de uma ordem comunicando-se com uma desordem que a cerca de todos os lados; 2) a sua correspondência profunda, muito mais que documentária, a certos aspectos assumidos pela relação entre a ordem e a desordem na sociedade brasileira da primeira metade do século 19" (op. cit., p. 76-7).

Assim, não é a mera representação de dados concretos particulares que produz, na obra de ficção, o senso de realidade, ou seja, o que lhe empresta verossimilhança, no sentido que atribuímos ao termo. A dialética da ordem e da desordem — princípio de organização, neste caso, tanto para os fatos da vida real como para os da ficção — é o que outorga inteligibilidade a uns e outros.

[33] Como fazia Caldas (1977), ao julgar as músicas e peças circenses da conhecida dupla sertaneja, Leo Canhoto e Robertinho: "[...] as canções de Leo Canhoto e Robertinho e seu trabalho no circo-teatro (eles aproveitam os enredos das letras e transformam-nos em peças) servem ao público como uma válvula de escape [...]. Isto, conseqüentemente, gera no público o conformismo e alienação" (p. 61).

Encarando as peças circenses através desta ótica, é possível identificar nelas elementos análogos aos descritos por Antônio Candido. O que ele chama de "estrato universalizador" está presente de modo especial nos dramas, com seus valores absolutos — amor, justiça, perdão, vício — e personagens estereotipadas; o segundo nível é o da "lógica circense" que junta e opõe, tanto no palco, como fora dele, o sério e o cômico. O caráter verossímil do espetáculo do circo, nesse sentido, reside na presença desses princípios estruturadores, e não numa suposta capacidade de refletir com fidelidade situações concretas da vida do público: "O sentimento de realidade na ficção pressupõe o dado real mas não depende dele; depende de princípios mediadores, geralmente ocultos, que estruturam a obra e graças aos quais se tornam coerentes as duas séries, a real e a fictícia" (op. cit., p. 83).

Não podem ser considerados como *nonsense,* ou meros acessórios, portanto, as *gags* e os elementos do cotidiano que são entremeados nos dramas e que constituem a matéria-prima das peças cômicas. Mais do que simples "ganchos" destinados a vincular o que se representa no palco com a realidade dos espectadores, constituem o contraponto de uma "ordem" continuamente reafirmada por uma série de valores morais e padrões sociais dominantes[34].

A insistente procura de personalização e identificação que se manifesta, por exemplo, nas referências ao bairro onde o circo se instala, às famílias e tipos populares presentes, e as várias formas de participação do público no espetáculo completam este quadro e fecham o circuito entre o teatro circense e a trama do dia-a-dia dos espectadores. A análise desta relação circo/bairro, passo preliminar em direção à rede de lazer mais ampla e seu significado, constitui o objeto de estudo do próximo capítulo.

[34] Observe-se, por exemplo, a semelhança que existe entre a forma como o circo articula o sério e o cômico, e o que ocorre com o Major Vidigal, nas *Memórias:* "Há um traço saboroso que funde no terreno do símbolo essas confusões de hemisférios e esta subversão final de valores . Quando as mulheres chegam à sua casa (Dona Maria na cadeirinha, as outras se esbofando ao lado), o Major aparece de chambre de chita e tamancos, num desmazelo que contradiz o seu aprumo durante o curso da narrativa. Atarantado com a visita, desfeito em risos e arrepios de erotismo senil, corre para dentro e volta envergando a casaca do uniforme, devidamente abotoada e luzindo em seus galões, mas com as calças domésticas e os mesmos tamancos batendo no assoalho. E aí temos o nosso ríspido dragão da ordem, a consciência ética do mundo, reduzido à imagem viva dos dois hemisférios, porque nesse momento está realmente equiparado a qualquer dos malandros que perseguia: aos dois Leonardos, e Teotoninho Sabiá, ao Toma-Largura, ao Mestre de Cerimônias. Como este, que, ao aparecer contraditoriamente de solidéu e ceroulas no quarto da Cigana, misturava em signos burlescos a majestade da Igreja e as doçuras do pecado, ele agora é farda da cintura para cima, roupa caseira da cintura para baixo, calçado vulgar nos pés — encouraçando a razão nas bitolas da lei e desafogando o plexo solar nas indisciplinas amáveis. Este traço dá o sentido profundo do livro e do seu balanceio caprichoso entre ordem e desordem" (op. cit., p. 81-2).

A REDE DE LAZER

"(...) a gente, quando chega no bairro, porque o circo é pequeno, companhia pobre, não é um circo grande que só faz capitais como Vostok, Tihany, Garcia, que tem condições de chegar em qualquer terreno, manda um secretário com alguns milhões no bolso, dizendo: 'Olha, eu quero entrar nesse terreno aí, qual é o preço?' A gente chega, tem que pedir: — 'Olha, nós temos um cirquinho, o Circo do Chiquinho, será que o senhor autoriza a gente entrar no terreno? Se o senhor não deixar a gente não entra. Queremos que seja de sua livre e espontânea vontade'. De vez em quando tem aquele que chega: — 'Olha, então um dinheirinho para ajudar a pagar o imposto'. Mas aqui, não. Porque o Chiquinho é muito conhecido na região de São Paulo. — 'Ah, o circo do Chiquinho? Puxa! Põe aí!' O nome do Chiquinho ajuda bastante a gente. Fica na base da permanente: cinco pessoas por espetáculo" (Juanito, proprietário do "Circo do Chiquinho", Vargas, 1976).

A DESENVOLTURA DAQUELE que tem alguns milhões no bolso é substituída pelo jeitinho de quem sabe que sua permanência e êxito no bairro dependem das boas relações que conseguir estabelecer com os moradores. O circo, apesar de sua tradição de mobilidade periódica, em cada "praça" onde se instala procura criar laços com as pessoas e familiarizar-se com o bairro.

Esta estratégia começa com a chegada do "secretário" para conseguir o terreno, em troca de "algum dinheirinho para ajudar a pagar o imposto", ou então das clássicas "permanentes". A molecada da redondeza ajuda no processo de montagem, e quando a camioneta percorre o bairro anunciando a estréia do circo, apregoa também a liquidação que uma loja de tecidos está oferecendo ou as facilidades no plano de pagamento para materiais de construção do depósito tal.

No dia da estréia o proprietário aparece no palco.

"[...] pra conversar com a platéia, abertura da nossa temporada, dizendo pras famílias que podem vir no nosso circo. Porque às vezes quando chega um circo num bairro então as famílias se afastam, sempre dá briga, sai aqueles palavrão na platéia, então nós tomamos cuidado" (Marco Antonio Martini, proprietário do Circo-Teatro Bandeirantes, Vargas, 1981).

Para fixar os preços dos ingressos, é realizada uma verdadeira pesquisa de mercado entre os comerciantes locais:

"[...] às vezes a gente chega num bairro e procura saber como é que está, se está bom de dinheiro. Então a gente vai nas casas comerciantes — eles já estão mais ou menos a par — eles já informam pra gente, então a gente experimenta cobrar um pouquinho mais caro. Se acauso ver que deu resultado, então fica naquele preço. [...] bairro mais afastado, de condução, daí já é bairro que pode cobrar bem baratinho senão não vai ninguém no circo" (Chiquinho, Circo do Chiquinho, Vargas, 1981).

A escolha do repertório depende também de uma percepção das características do bairro:

"[...] Há muita diferença entre um bairro e outro. Tem bairro que se adapta muito melhor ao drama. É um público quietinho. Então ele aceita drama, que é a coisa mais linda do mundo. Tem bairro que já gosta de comédia, gosta de bagunça" (Juanito, Circo do Chiquinho, Vargas, 1981).

Em resumo, é preciso tomar uma série de providências para ser aceito; se apesar de tudo o circo não conseguir "fazer amizade" com os moradores, não resta outra alternativa senão — literalmente — levantar acampamento:

"[...] É diferente um público do outro. Tem público que a gente chega e na primeira semana é um sacrifício pra fazer aquele pessoal compreender o que é teatro. Como tem bairro que a gente chega e já recebe a gente de braços abertos. Como tem bairro também que a gente estréia no sábado e segunda-feira já desarma e vai embora. Porque — não que o povo não venha — vem, mas existe aquela rebeldia. Então, se a gente não consegue nos primeiros espetáculos acalmá-los, e a gente procura sempre, por pior que seja, fazer amizade com eles; se a gente não consegue a amizade deles, então a gente pega, desarma o circo, tudo bem, saímos da praça" (Juanito, Circo do Chiquinho, Vargas, 1976).

O estabelecimento de vínculos com a comunidade é, pois, fundamental para o circo. Desse modo, no curto espaço de sua permanência, o circo passa a "pertencer ao pedaço", como uma nova opção de entretenimento para os moradores do bairro.

Com a finalidade de observar esses vínculos do circo com o bairro e levantar a rede mais ampla de lazer em que se insere, foi acompanhada a temporada completa do "Circo Rosemir", desde o momento de sua chegada ao Jardim Três Corações, até sua saída do bairro.

O CIRCO ROSEMIR EM TRÊS CORAÇÕES

Não é difícil encontrar o local onde o circo está instalado, num bairro qualquer da periferia de São Paulo: procura-se a padaria mais próxima ou pergunta-se diretamente a qualquer grupo de meninos, que a informação vem precisa. Às vezes nem é preciso dar-se o trabalho de indagar; os alto-falantes de alguma desconjuntada e espalhafatosa camioneta anunciam o sensacional espetáculo da noite, às nove horas e quinze, para o qual estão convidadas as distintas famílias da localidade.

Era um sábado e resolvi buscar um circo em outro ponto da cidade. Até então, tinha percorrido principalmente a Zona Oeste da Capital (Vila Ipojuca, Freguesia do Ó, Brasilândia, Pirituba, Casa Verde, Bairro do Limão), e feito algumas incursões a Ermelino Matarazzo, Araçariguama, Cupecê. Seria conveniente cobrir outra região, como, por exemplo, a Zona Sul, e o percurso foi o seguinte: Marginal Pinheiros, Avenida Interlagos, Estrada de Parelheiros, Estrada do Bororé, que termina numa bifurcação. E o ponto final da linha de ônibus Jardim Eliana—Praça das Bandeiras; à direita começa a estrada que leva à represa, e, à esquerda, um loteamento de ruas irregulares, de terra, identificadas não por nomes mas por números: é o Jardim Eliana. Seu pequeno centro comercial é composto por três ou quatro bares, uma borracharia, um depósito de materiais para construção e a infalível padaria. Em vez de perguntar: "Tem algum circo por aqui?", arrisquei: — "Onde fica o circo?". Não deu outra: — "O senhor desce por ali, vira à direita, contorna o campo de futebol e logo vê o Circo Rosemir".

A busca saíra melhor do que esperava, pois numa segunda-feira qualquer, lá no Largo do Paiçandu, tinha conhecido os donos deste circo, Rosária e Ademir, o palhaço "Vai-Vai".

Nessa noite, como todos os sábados, levava-se um *show* — "Alexandre Jardim, o cantor da juventude". Havia pouca gente, e Ademir explica que a praça não é muito boa, a temporada foi muito prejudicada pelas constantes chuvas e a lona precisa ser trocada. — "De modos que na próxima semana a gente desmonta e vai pra outro lugar, aqui perto mesmo, Jardim Três Corações, no ponto final do ônibus Varginha e chácara Taunay, atrás do conjunto do BNH de Grajaú". Era uma oportunidade que vinha a calhar com os planos da pesquisa que pretendia acompanhar o processo de desmontagem do circo e sua armação em outro bairro.

O circo foi desarmado num dia e transportado no caminhão de Ademir. Alguns moleques da redondeza ajudaram até altas horas da noite, em parte entusiasmados com a movimentação e em parte com a promessa dos cinqüenta cruzeiros feita pelo "secretário" do circo, Wagner, e que acabou não pagando nada: daí as pedradas que acompanharam a última viagem do velho Ford. Substituindo os improvisados e frustrados ajudantes do Jardim Eliana, já havia outros, de Três Corações, estabelecendo as primeiras relações com a nova praça.

No dia seguinte, bem cedo, começa a montagem. O dono do terreno pedira dez mil cruzeiros de aluguel e Ademir fez uma contraproposta de dois mil. — "Olhe, pra receber dois milhão, prefiro não receber nada. Pode botar o circo aí, e não precisa pagar nada". As carretas foram colocadas em semicírculos na parte mais alta do terreno, de maneira que a parte posterior do palco ficasse situada em frente ao *trailler* de Ademir e Rosária. À direita, a carreta da cozinha, depois as de Wagner e a de Ivone, bailarina, atriz e responsável pelos doces a serem vendidos durante os espetáculos. À esquerda, o *trailler* do chileno José Peñaloza, a atração internacional do circo. Contratado por mil cruzeiros semanais, Peñaloza faz números de trapézio, argolas e arame e apresenta marionetes que ele mesmo constrói. Gosta muito de contar suas participações em grandes circos de seu país, e também de lembrar do tempo em que trabalhava nas minas de cobre de Chuquicamata, durante o governo da Unidade Popular. Todos — desde "peludos", moleques do bairro e até artistas — colaboram no árduo trabalho de levantar o circo, comandados pelo proprietário. A primeira tarefa, depois de construída a fossa, é a colocação das estacas que delimitam o diâmetro do circo e que servirão para sustentar o pano de roda. Peñaloza dirige o levantamento dos dois mastros centrais, operação que exige uma técnica especial com roldanas (moitões), alavancas e pontos de apoio. As diversas partes que compõem a lona são estendidas no chão e unidas com tiras de *nylon:* antes de ser içada por cordas que pendem do topo dos mastros, a lona é cuidadosamente revisada e os orifícios remendados, aumentando a já considerável profusão de cores. Uma vez suspendida, é atada ao pano de roda, sendo sustentada internamente por uma série de mastros inclinados no interior do circo, "os mastaréus", que lhe dão o formato final característico. Esta fase requer muita rapidez, pois qualquer pé-de-vento pode pôr tudo abaixo. A seguir armam-se o palco, os lances da arquibancada sustentados pelas "cruzetas" e faz-se a instalação elétrica.

Com o levantamento da cerca em volta do circo — para impedir a entrada dos possíveis (e inevitáveis) "penetras" — está concluído o trabalho. Em dois dias o circo estava de pé, passando a fazer parte, temporariamente, da paisagem de Três Corações, no centro comercial que se agrupa ao longo de uma depressão de terreno contornada pela rua com duas vias de acesso externo, uma a Parelheiros e Vila Mirna e outra para o Grajaú. O Circo Rosemir ficou situado entre uma "casa do Norte" e o depósito de materiais para construção "Alicerce e Moradia", cujos produtos e facilidades de pagamento seriam divulgados juntamente com a propaganda dos espetáculos, conforme um acordo celebrado entre seu gerente e o proprietário do circo.

À sua esquerda, uma barbearia, uma loja de armarinho, um bar, a farmácia e a "Sorveteria da Paz". À direita — antes do ponto final da linha de ônibus Varginha—Anhangabaú — a "Sapataria Boa Sorte", a padaria "Três Corações" e alguns escritórios imobiliários. Em frente — do outro lado do brejo que divide o centro comercial da vila, e logo após a ladeira que leva ao campo de futebol e ao salão de festas do Joel — há uma oficina mecânica, um terreiro de umbanda, um bar com mesas de sinuca e a padaria "Três Irmãos". Na mesma rua, depois da guarita do fiscal da linha Chácara Taunay—Santo Amaro, mais alguns bares, várias casas e a igreja católica. Já no cruzamento com a Rua General Renato Varandas de Azevedo — que sobe até ao salão de bailes "Fantástico" e à escola — um templo de Testemunhas de Jeová.

Está tudo pronto para a estréia, marcada para sexta-feira, e todo o pessoal do circo está em atividade. Mário, irmão de Ademir — que durante a semana trabalha com transporte de escolares — dirige a camioneta da propaganda; Rosária dá os retoques na iluminação interna; Wagner, o "secretário", encarrega-se da propaganda através do sistema de alto-falantes instalados nos mastros principais; Zé, o "peludo", espalha pó de serra entre as cadeiras e arquibancadas. Ivone prepara a comida e faz os doces que serão vendidos à noite, tarefa que começa a ser disputada por um grupo de meninos reunidos em volta da carreta da cozinha. Rosemary, dezesseis anos e Rosemir, seis — aquela, filha do primeiro casamento de Rosária, e a outra, de Ademir e Rosária — vieram de sua casa, em Santo Amaro, acompanhadas pela avó materna, dona Isabel. As meninas fazem números de bailado e participam nos *sketches;* a avó, que relembra com saudades os tempos do circo de seu marido — o famoso palhaço "Querosene" — ajuda na bilheteria. Penãloza prepara seu traje de "Spartacus Romano" e instala as argolas. À noitinha, um pouco antes do espetáculo, chega Clodoaldo, irmão de Rosária, um senhor bem falante e apessoado — trabalha na televisão — para dar uma mãozinha, como apresentador. Vem acompanhado por uma jovem que trabalhou num filme de Roberto Carlos: fará um número especial de dança, por ser dia de estréia.

Às 21h30 começa a função. Depois de uma longa apresentação de Clodoaldo, pedindo desculpas pela lona furada, mas "certo de que o espetáculo será do agrado das famílias de Três Corações, que saberão prestigiar o trabalho de uma família que ali está para trazer um pouco de alegria às famílias da distinta localidade" — é anunciada a atração internacional da companhia: "Spartacus Romano e seu arriscadíssimo número de arame e trapézio". A seguir, uma saída cômica com "Vai-Vai" e Mário, o *clown*. Rosemir, a "estrelinha do Circo", apresenta um número de dança. Nova saída cômica do palhaço, desta vez contracenando com Rosária e Clodoaldo. A atriz do filme *Em Ritmo de Aventura,* de Roberto Carlos, executa o mesmo bailado do filme. "Vai-Vai" — tocando acordeom, acompanhado por Mário na caixa — apresenta o musical do circo, que inclui a dança de Rosemary e Ivone. E com este número encerra-se o espetáculo, após o anúncio da atração do próximo sábado: o cantor "Ídolo da Juventude, Carlos Alexandre".

Esta será a estrutura do espetáculo durante toda a temporada. Mudarão as *gags,* os *sketches,* e o *show* de sábado e domingo, mas a seqüência permanecerá idêntica: números de ar (arame, argola, trapézio), saídas cômicas, bailados, musical, cantores e às vezes números de magia ou uma pequena comédia a cargo de algum elenco de fora. Durante a semana o espetáculo é levado pelo pessoal da casa e o ingresso é mais barato, com o clássico "senhoras e senhoritas grátis". Nos *shows* de fins de semana os ingressos eram: Cr$ 20,00 — crianças; Cr$ 40,00 — geral; Cr$ 80,00 — cadeiras (preços de 1979). As atrações da temporada contratadas por Ademir foram: os cantores Carlos Alexandre, Clayton, Paulo Sérgio; Os "Verdadeiros Astros do Ring" (King-Kong, a Múmia, o Bugre, o Egípcio) da TV Tupi, apresentando luta-livre; Waldomiro Ferreira e seus Cangaceiros, com *show* nordestino e *bang-bang A Morte de Lampião.*

Alguns dos *sketches* apresentados — *A Pensão da Dona Estela, O Convite, O Castigo, A Esposa Sonâmbula, Flor da Paixão* — foram analisados, assim como a luta-livre dos "Verdadeiros Astros do Ring", no item "Análise das Peças" do trabalho original. A decisão, porém, de acompanhar de perto toda a temporada do Circo Rosemir no Jardim Três Corações, tinha como finalidade principal passar do circo para a rede de lazer mais ampla, por meio de um contato mais direto com os moradores da localidade.

Com o propósito de "cercar" o objeto dessa etapa da pesquisa através da complementaridade das fontes de informação e assim obter o maior número possível de dados, procurei equipar-me com os habituais instrumentos de observação: entrevistas dirigidas, questionários, observação direta, entrevistas em profundidade. A preocupação não era trabalhar com uma amostra representativa de acordo com critérios estatíticos, mas chegar a um determinado nível de saturação nos resultados, efeito que se obtém quando, a partir de diferentes técnicas, os dados começam a reiterar-se.

FESTA NO PEDAÇO: O LAZER EM TRÊS CORAÇÕES

O local onde o circo fora erguido apresentava bastante movimento por causa dos pontos finais de ônibus e pela existência de bares, padarias e outros estabelecimentos comerciais. Como o objetivo das primeiras entrevistas era tomar contato com os moradores e avaliar o interesse que o circo tinha despertado, a alternativa mais viável era buscar os pontos de encontro naturais. A barbearia era um dos lugares mais indicados pois, como nas pequenas cidades interioranas, para lá dirigiam-se não apenas os clientes, mas também qualquer pessoa interessada num dedo de prosa. Não obstante contar, ao menos aparentemente, com as melhores condições, a primeira tentativa redundou em completo fracasso: expliquei cuidadosamente os objetivos da pesquisa a um senhor que consertava rádios nos fundos e, à primeira pergunta, indicou-me com gestos que me dirigisse ao barbeiro. A explicação foi rápida e convincente: o consertador de rádios era... absolutamente gago.

Depois deste percalço, tudo transcorreu normalmente: entrevistei o próprio barbeiro, todos os clientes e algumas pessoas que por lá passaram: sete, um dos quais convidou-me para almoçar no domingo seguinte, o que me permitiu uma relação mais estreita com sua família, durante todo o tempo da pesquisa de campo na vila. No outro dia foram realizadas mais quatro entrevistas e a partir deste conjunto inicial de informações foi possível obter uma primeira visão do lazer na comunidade.

Os dados obtidos nas entrevistas não podem evidentemente ser analisados de acordo com critérios estatísticos. O objetivo não era fazer nenhum levantamento, por mais modesto que fosse: o roteiro estabelecia pontos de referência para conduzir a entrevista e poder captar algumas tendências com respeito ao lazer em geral e ao circo em particular.

Essas entrevistas iniciais mostraram, por exemplo, que o lazer se diferencia claramente por sexo, idade, estado civil; a partir destas categorias foi possível, então, construir um primeiro e provisório mapeamento do tempo livre:

Homens casados: O tempo livre passado em casa é aproveitado para estar com a família, dedicar-se a algum "bico", dormir, assistir a jogos de futebol ou filmes pela TV, escutar programas sertanejos no rádio. Fora de casa, aparecem os bares — ponto de encontro com vizinhos e colegas — onde a sinuca surge como a principal atração.

Rapazes: Não aparece a oposição "em casa *vs.* fora de casa": as opções são os bares, sinuca, futebol de campo, bailes.

Mulheres casadas: Seu tempo livre é passado mais em casa do que fora: trabalhar, dormir, assistir às novelas de TV, escutar determinados programas radiofônicos (Gil Gomes, Eli Correia, etc. Saem por ocasião de casamentos, aniversários, circo, ou seja, mesmo os programas "fora de casa" são familiares.

Moças: Em casa, o tempo livre é preenchido por programas de televisão e rádio; fora de casa, as alternativas são as lanchonetes, bailes, festas em casa de colegas.

Não obstante possibilitarem uma primeira aproximação ao universo do lazer em Três Corações, os dados colhidos até o momento eram evidentemente insuficientes: fazia-se necessário, portanto, enriquecer e complementar o quadro já obtido. Com esta finalidade o roteiro das entrevistas foi desdobrado e, na forma de questionário, aplicado aos alunos da 7.ª e 8.ª séries da Escola Municipal de 1.° Grau Manuel de Abreu: dezenove rapazes e vinte e duas meninas, entre 12 e 18 anos. As respostas a um dos itens do questionário foram as apresentadas na Tabela 1.

Estes dados, apesar de não apresentarem — como os obtidos através das entrevistas — valor de representatividade, de certa maneira ampliam o espectro das formas de lazer já detectadas e confirmam algumas das tendências registradas no mapeamento inicial.

A diferença diferença entre entre rádio e televisão, que na Tabela 1 aparece favorecendo esta última, contrasta com o maior número de respostas em torno do item sobre estações de rádio preferidas, como se pode perceber na Tabela 2.

Cinema, passeios, bailes, TV e circo surgem como as principais modalidades de lazer tanto para os rapazes como para moças. Se o futebol agrupa o maior número de preferências entre os primeiros, o parque, a lanchonete, ouvir discos e sair com colegas aparecem como opções mais características do público feminino jovem.

A diferença entre rádio e televisão, que na Tabela 1 aparece favorecendo esta última, contrasta com o maior número de respostas em torno do item sobre estações de rádio preferidas, como se pode perceber na Tabela 2.

Tabela 1
FORMAS DE DIVERSÃO PREFERIDAS, POR SEXO

	Rapazes	*Moças*	*Total*
Cinema	10	9	19
Futebol	16	—	16
Passeio	5	4	9
Bailes	4	5	9
Parque	—	8	8
Assistir à TV	5	3	8
Circo	4	4	8
Ouvir discos	1	6	7
Excursão	2	3	5
Festas*	2	2	4
Namorar	2	2	4
Outros esportes	2	2	4
Sair com colegas	—	4	4
Escutar rádio	2	2	4
Lanchonete	—	4	4
Ficar em casa	—	3	3
Bicicleta	2	—	2
Jogar baralho	—	1	1
Tocar violão	1	—	1
Pescar	1	—	1
Assistir a futebol	1	—	1
Total	60	62	122

* Por ocasião de aniversários, casamentos, batizados.

Tabela 2
ESTAÇÕES DE RÁDIO E TELEVISÃO PREFERIDAS

Emissoras de rádio		*Emissoras de televisão*	
Difusora	15	TV Globo	8
Record	12	TV Cultura	8
América	10	TV Tupi	7
Excelsior	8	Não assiste	2
Total	45	Total	25

Estes dados, mais os resultados do quesito "Programas radiofônicos preferidos" — onde voltam a aparecer, como nas entrevistas, o nome de locutores e animadores principalmente da Rádio Record (Zé Betio, Eli Correia, Gil Gomes, Barros de Alencar) — alertam para a importância deste meio de comunicação: à generalidade das referências sobre programas de televisão ("novelas", "filmes", "jogos") opõem-se indicações mais precisas com respeito a determinadas emissões radiofônicas. Como se verá mais adiante, este detalhe não é desprovido de importância para o entendimento do significado que assumem as mensagens de um e outro meio, e das formas como são consumidas. Com relação ao circo, a Tabela 3 oferece uma indicação sobre os números mais apreciados.

A distribuição das respostas, tal como aparece na Tabela 3, reflete a estrutura do circo então instalado no bairro — "de variedades" — que o torna apenas uma opção a mais de entretenimento, sem provocar maiores entusiasmos. Constatação, aliás, que concorda com a opinião geral das entrevistas realizadas algum tempo após a estréia do circo. Todos os entrevistados foram unânimes no julgamento dos espetáculos oferecidos pelo Circo Rosemir: acharam bons, simplesmente, sem nada de muito especial. As preferências recaíram sobre o palhaço "Vai-Vai" e sobre os cantores contratados até então, Clayton e Paulo Sérgio.

As outras alternativas de diversão existentes na localidade, apontadas pelos entrevistados, foram: três salões de baile, o "Fantástico", o salão "do Joel" e o da Vila Mirna. Um pouco mais distante, o "Tabugão" — perto do conjunto habitacional do BNH de Grajaú — e o salão do Jardim Eliana. No "Fantástico" — que é também sede social dos clubes de futebol de várzea "Grêmio" e "Juvenil", ensaia a escola de samba "Grêmio Recreativo Cultural Escola de Samba Flor da Zona Sul", ou seja, "GRCES-FZS", às sextas-feiras.

Tabela 3
NÚMEROS CIRCENSES MAIS APRECIADOS

Entradas cômicas com palhaço e *clown*	13
Apresentações de cantores	8
Equilibrismo	8
Comédia	3
Bailados	2
Pirofagia	1
Magia	1
Não vai ao circo	5
Total	41

Se as informações obtidas através das entrevistas e questionários permitiram construir, como primeira aproximação ao universo do lazer em Três Corações, um quadro geral das modalidades preferidas de entretenimento, eram ainda insuficientes para se chegar à compreensão do significado do lazer realmente desfrutado pelos moradores da vila. Tentar enriquecer este quadro, no entanto, estendendo o raio de aplicação daqueles instrumentos de pesquisa, não parecia ser a alternativa mais apropriada para fazer avançar a análise: ou se realizava um levantamento completo sobre a base de uma amostra representativa, ou então se experimentavam outras estratégias. Algumas entrevistas em profundidade — destinadas a captar um discurso mais fluido e contínuo — tampouco se revelaram eficazes, não porque o resultado obtido fosse fragmentário, desarticulado: o discurso simplesmente não se desencadeava. Ou seja, chamava a atenção o caráter monossilábico de suas falas sobre o lazer, por um lado, e a distância entre o nível do discurso até então obtido e o da prática real de lazer, por outro. Note-se, por exemplo, que o item "cinema" na Tabela 1 apresenta o maior número de preferências; a única sala de projeção existente na vila, contudo, estava desativada. Estas constatações — que à primeira vista surgiam como obstáculo aos objetivos do estudo — não eram desprovidas de sentido e exigiam uma maior reflexão.

Geralmente as pesquisas em favelas e bairros da periferia incluem, na última página dos questionários, um item dedicado ao lazer. "Que faz no tempo livre?" — é a clássica pergunta. Seja pela pressa em dar por encerrada a entrevista, seja pela suposta irrelevância do quesito em comparação com os itens anteriores — história ocupacional, escolaridade, condições de habitação, etc. — ou, ainda, em função das lacônicas respostas obtidas, são anotadas rapidamente algumas alternativas: — dorme; — não faz nada; — passeia; — vê televisão. Não restam dúvidas de que o resultado é pouco consistente, principalmente se confrontado com as respostas, por exemplo, da questão: "Quais são os problemas do bairro?" — que jorram em bloco, contundentes, absolutamente objetivas. Parece que quando se trata de falar sobre dificuldades e problemas, a percepção é clara e a resposta, pronta; mas as ocasiões de encontro, as formas de entretenimento e diversão não parecem suscitar maior entusiasmo no entrevistado nem interesse no entrevistador. Fica uma sensação de tédio, monotonia e de achatamento naqueles momentos e relações que as pessoas estabelecem fora do âmbito do trabalho, da política[1].

Aquilo que na maioria das pesquisas é o tema do "último item do questionário" — e que geralmente termina diluído no conjunto das demais questões — neste caso em particular constituía o elemento central do estudo: não se podia passar ao largo das dificuldades que pareciam ocultar-lhe o significado e restringir seu alcance.

É inegável que a ressonância de um tema como o lazer difere da produzida pelos objetivos, sérios e importantes assuntos — trabalho, política, condições de habitação, demanda por serviços e equipamentos — que normalmente fazem parte dos habituais *surveys*. Por outro lado, a questão das formas de entretenimento que preenchem o tempo livre também não se encaixa naquela ordem de problemas pessoais, íntimos até, como educação dos filhos, saúde, violência no interior da família e outros que inevitavelmente surgem em histórias de vida, por exemplo, e que muitas vezes terminam por transformar a entrevista em ocasião de desabafo, marcada por confidências, relatos angustiosos e desesperados (Caldeira, 1981). A primeira impressão era de que

[1] "E, principalmente, quando se analisam as informações sobre o lazer, ou sobre as necessidades de equipamento para lazer percebe-se um universo cultural restringido, pelo menos no caso da população de rendas baixas e médias baixas, para as quais se dispõe de informações [...] A monotonia da vida das camadas pobres da população urbana de São Paulo revela-se quando se verificam as atividades de recreação e lazer, por classe de idade da população, que são mais freqüentes:

Forma de recreação	Classe de idade	
	20-30 anos	30-40 anos
Não faz nada	43,0%	57,2%
Passeios	20,0%	15,2%
Cinema	18,1%	4,9%
Futebol	6,5%	4,0%

(Cardoso, et alii, 1975, p. 21-2).

a referência ao tema do lazer — circo, bailes, festas — não apenas afastava a possibilidade de obter relatos desse tipo, como ademais retirava, do contato, a respeitabilidade que cerca questões mais "sérias" como o trabalho, a política e outras.

A alternativa, por conseguinte, era partir para a observação participante, pois ademais havia indícios de que os dados obtidos nas entrevistas e questionários transmitiam antes uma imagem idealizada e "dominante" de lazer do que o quadro real das formas de entretenimento efetivamente desfrutadas. Assim, por exemplo — além do que já foi assinalado com relação ao número de respostas ao item "cinema", na Tabela 1 — o futebol aparece como modalidade de lazer exclusivo de rapazes; uma rápida observação dos torneios de futebol de várzea, no entanto, permitia constatar que a presença de moças era significativa. Pode-se argumentar que o interesse é menos pelo esporte em si do que pela movimentação criada em torno da partida, acontecimento que reúne pessoas conhecidas, da vila, e gente de outros bairros. De qualquer forma, nenhuma moça deixou transparecer, nos questionários e entrevistas, este interesse.

Fazia-se necessário, portanto, observar mais de perto o que realmente ocorria no campo do lazer, e isso só foi possível após a superação de um momento crítico em meu relacionamento com os moradores do bairro. Com o objetivo inicial de identificar informantes qualificados — diretor da escola de samba, dos clubes de futebol, organizadores de excursões, etc. — tentei introduzir-me nos grupos que se formavam nos bares e em torno das mesas de sinuca, após a jornada de trabalho ou nos fins de semana. A reversão do que eu identificava como clima de indiferença (e que mais tarde percebi ter sido de desconfiança e até de hostilidade) deu-se após ritual de "reconhecimento e aceitação". Foi um verdadeiro rito de passagem, que me permitiu a entrada no "pedaço", isto é, numa intricada rede de relações formada por laços de parentesco, vizinhança e coleguismo, com a qual evidentemente não possuía nenhum vínculo.

Acerquei-me de um grupo que "trocava uma idéia" animadamente no bar da padaria "Três Irmãos", ao cair da tarde. Pedi uma bebida e, atento à conversa que se desenrolava ao lado, vez por outra arriscava um palpite se o tema não provocava muita polêmica, ou então confirmava com um "é isso aí", quando interpelado diretamente pelo "é, ou não é?". Introduzido desta forma na conversa — o círculo abriu-se, permitindo a entrada no grupo — o passo seguinte foi aceitar o copo que alguém me estendeu, e, em seguida, pagar uma rodada, o que aparentemente dava-me direito a maiores intervenções. A essa altura, participando animadamente da conversa, já me considerava integrado, mas o ritual não terminava aí. O grupo renovava-se continuamente em torno de duas ou três pessoas e eu, naturalmente. Então, veio a "prova". Solicitado a explicar quem era e o que fazia ali, tive de comprovar a história sobre o livro que estava escrevendo, com algum papel — a declaração assinada pela professora orientadora que atestava minha condição de pesquisador vinculado à universidade — cujo carimbo da secretaria e assinatura mereceram mais atenção que o próprio texto. Em seguida foi minha vez de examinar alguns documentos exibidos, particularmente a carteira profissional, gesto de reciprocidade que finalizava o rito e selava minha entrada no "pedaço".

Após ter adquirido, dessa forma, a necessária confiança, soube que inicialmente havia sido identificado como funcionário do circo, "fiscal" e até mesmo "tira". A partir de então minha denominação oficial foi a de "repórter" ou "fotógrafo". Um dos títulos que supunha ser capaz de granjear confiança — e que não se afastava demasiado da "verdade dos fatos" — era o de professor. O termo, contudo, não fazia o menor sentido naquele contexto, pois lugar e função de professor é na escola, dando aulas. Um desconhecido que chega fazendo uma série de perguntas estranhas, ou é autoridade (fiscal, polícia) ou, então, repórter. Esta foi a categoria que terminou prevalecendo, não obstante o papel da universidade que havia exibido: era a mais verossímil, naquela situação.

Em conseqüência, tive de ajustar-me à expectativa por ela despertada, o que significou inúmeras solicitações para tirar fotos de casamentos, aniversários, bebês, além dos times de futebol e mesmo dos lances mais emocionantes das partidas de domingo. Esta atividade paralela — além de assegurar a legitimidade que passava a desfrutar no "pedaço" — permitiu o desejado contato com os moradores que vinha buscando, sem os riscos de gafes semelhantes à tentativa de entrevistar um gago, como ocorrera quando não possuía nenhum conhecimento sobre as pessoas, suas particularidades e redes de relações. O que não impediu, no entanto, a inadvertida realização de uma entrevista com um "bandido" amplamente conhecido nas redondezas. Mesmo nessa situação, estava agora protegido pelas regras do pedaço, como se pode inferir do seguinte trecho de depoimento, apesar de colhido em outro bairro:

"Lá na vila tem muito bandido e a gente conhece eles. Quando venho do trampo[2], de noite, eles estão lá, nos bar perto do ponto do búzio[3] e até pede cigarro pra gente. Eu dou, xará, numa boa, eles são bandido, mas quem é do "pedaço" não tem erro não, tá limpo, eles respeita. Só assalta lá na cidade, nas outras vila" (trecho de entrevista).

Tendo um lugar, agora, no "pedaço", estava em condições de abordar com mais facilidade as pessoas e assim pude identificar Toninho, diretor de bateria da escola de samba e árbitro nas disputas futebolísticas de domingo; Zelito, diretor de patrimônio do "GRCESFZS"; Vasco, diretor de clube de futebol; Solange, organizadora de ex-

[2] Termo comumente utilizado para designar "trabalho".
[3] Termo que significa "ônibus".

cursões e irmã de Lúcio, um dos primeiros entrevistados na barbearia e cuja ajuda foi providencial: muito conhecido, apresentava-me aos "colegas"[4], que ademais me viam em sua casa, nos almoços de domingo. Antes, porém, de passar para a descrição das formas de lazer — a partir, agora, não apenas das falas (e que agora fluíam com mais facilidade), mas também da maneira como eram efetivamente desfrutadas — e para a análise de seu significado no cotidiano daquela comunidade, cabe uma reflexão em torno da noção de "pedaço" e de suas regras.

O PEDAÇO

São dois os elementos básicos constitutivos do "pedaço": um componente de ordem espacial, a que corresponde uma determinada rede de relações sociais. Alguns pontos de referência delimitam seu núcleo: o telefone público, a padaria, alguns bares e casas de comércio, o ponto do "búzio", o terreiro e o templo, o campo de futebol e algum salão de baile. Os bares, por exemplo, são antes de mais nada lugares de encontro nos fins de semana ou após a jornada de trabalho, quando a sinuca, o dominó ou simplesmente o "mé"[5] ensejam longas discussões sobre a última partida de futebol na vila e o desempenho de cada jogador, propiciam a troca de informações sobre algum "trampo", documentação, qualidade e preço de materiais para construção, etc. A padaria é outro lugar bastante freqüentado, pois funciona como bar, supermercado, lanchonete, rotisseria, confeitaria, sendo seu acesso, por esta razão, aberto a todos — homens, mulheres e crianças. E onde se pedem informações, afixam-se avisos (dia e hora dos torneios de futebol, datas de festas religiosas) anuncia-se a próxima excursão a Aparecida do Norte, Praia Grande ou a chegada de algum circo. Como a padaria, outros estabelecimentos permanecem abertos aos sábados e até mesmo aos domingos, pois é no fim de semana que as pessoas podem fazer suas compras.

No núcleo do "pedaço", enfim, estão localizados alguns serviços básicos — locomoção, abastecimento, informação, culto, entrenimento — que fazem dele ponto de encontro e passagem obrigatórios. Não basta, contudo, morar perto ou freqüentar com certa assiduidade esses lugares: para ser do "pedaço" é preciso estar situado numa particular rede de relações que combina laços de parentesco, vizinhança, procedência. Algumas categorias definem o grau de inserção nesta rede: diz-se que alguém é "chegado" a fulano quando é apenas conhecido e os vínculos com ele são superficiais. Ser "colega" supõe uma relação mais concreta — firma, escola, clube de

[4] Dificilmente as pessoas se tratam ou se apresentam como "amigos", e sim como "colegas", o que significa que as relações de proximidade, se não são de parentesco, têm como fundamento algum laço concreto: colegas de firma, de escola, de futebol, de bailes, etc. Em se tratando de relação entre homem e mulher, o termo "amigo" quer dizer "amasiado" — descoberta feita após alguns mal-entendidos constrangadores...

[5] Corruptela de "mel", que significa cachaça, aperitivo.

futebol — e por conseguinte um maior conhecimento sobre seu trabalho, suas preferências desportivas, habilidades, participação em associações vicinais, etc[6]. O termo "irmão" tanto pode significar um mero apelativo — como "xará", que evoca semelhança de nome — como também um laço especial da proximidade. "Tio" e "tia" são utilizados no tratamento com adultos e servem não apenas para diminuir a distância imposta pela idade ou função dessas pessoas, como ademais para estabelecer, com elas, algum tipo de relação preferencial[7].

Enquanto o núcleo do "pedaço" apresenta um contorno nítido, suas bordas são fluidas e não possuem uma delimitação territorial precisa. O termo na realidade designa aquele espaço intermediário entre o privado (a casa) e o público, onde se desenvolve uma sociabilidade básica, mais ampla que a fundada nos laços familiares, porém mais densa, significativa e estável que as relações formais e individualizadas impostas pela sociedade. Se nas pequenas cidades interioranas o trabalho, a devoção e o lazer são vividos nos limites de uma comunidade onde todos se conhecem, na grande metrópole as diferentes instituições que atendem a tais demandas não apenas são diversificadas como ademais encontram-se dispersas. A alta rotatividade do mercado de trabalho, por exemplo, que empurra os indivíduos de uma empresa a outra, dificulta a criação de laços mais permanentes. O mesmo ocorre com outras instituições e serviços urbanos, como a escola, determinados equipamentos de lazer, organismos públicos, etc. Dessa forma, é principalmente o lugar de moradia que concentra as pessoas, permitindo o estabelecimento de relações mais personalizadas e duradouras que constituem a base da particular identidade produzida no pedaço. Diante da sociedade e suas instituições[8] — a firma, o Inamps, a delegacia, o hospital — está o indivíduo, identificado pela carteira de trabalho, pela ficha, pelo título de eleitor. A polícia, representante mais próximo dessa sociedade e sua ordem, quer saber em que empresa trabalha e examina cuidadosamente o único "passaporte" válido na periferia — a carteira profissional — que dá direito a freqüentar bares, sinucas, ou simplesmente circular[9].

No "pedaço", porém, o fato de alguém estar desempregado não significa que deixa de ser filho de fulano, irmão de sicrano, colega ou "chegado" a beltrano; se não puder pagar seu "mé", sempre haverá quem se disponha a fazê-lo. Pertencer ao "pedaço" significa poder ser reconhecido em qualquer circunstância, o que implica o cumprimento de determinadas regras de lealdade que até mesmo os bandidos da vila, de alguma forma, acatam. Pessoas de "pedaços" diferentes, ou alguém em trânsito por um "pedaço" que não o seu, são muito cautelosas: o conflito, a hostilidade estão sempre latentes, pois todo lugar fora do "pedaço" é aquela parte desconhecida do

[6] Diferentemente da relação definida pelo termo "colega", ser "chegado" a uma pessoa não dá direito a freqüentar a casa desta última. Poderá ser convidado para alguma festa de aniversário mas não, por exemplo, para almoçar.

[7] A utilização de categorias do parentesco para nomear vinculos que transcendem o âmbito familiar pode ser apreciada também nos cultos afro-brasileiros (pai e mãe-de-santo, filhos-de-santo, irmãos-de-santo, irmãos-de-barco — iaôs que foram iniciados juntos — no candomblé; madrinha, mãe-de-santo, pais e mães-pequenas, filhos-de-santo, filhos-de-fé — na umbanda) e pentecostais (irmãos, irmãs). Nesse sentido, ainda, é bastante significativo o emprego do termo "compadre", nos terreiros umbandistas mais populares, para designar Exu. Tratá-lo desta maneira significa tentativa de aproximação com a perigosa entidade, e de poder contar com sua proteção.

[8] Lugar do "você sabe com quem está falando?" — fórmula violenta de transicão entre o mundo da universalidade legal para o mundo das relações pessoais (cf. Da Matta, 1979). No "pedaço", porém, torna-se desnecessária esta interpelação, pois todos sabem com quem estão falando.

[9] E que em alguns casos perde sua validade, principalmente quando o portador é negro: além de exigi-la a autoridade — depois de conferir a página da foto e do registro — faz um exame das mãos; se não apresentarem calosidades, conclui-se que se está diante de um suspeito, no mínimo de vadiagem, apesar do documento.

mapa e, portanto, do perigo. Para desfazer o clima de animosidade e a sensação de insegurança estão o "ritual do mé", a aproximação através das preferências desportivas, a lembrança do encontro, um dia, em algum baile ou jogo de várzea.

O fato de que neste mapa o ponto com o qual se tenha mais familiaridade seja o "pedaço", não significa que seus habitantes sejam desprovidos de uma visão geral — ainda que fragmentária — da cidade. As outras zonas do espaço urbano mais conhecidas são aquelas ligadas ao percurso do trabalho e à oferta de determinados serviços que inexistem na vila: o Hospital das Clínicas, a Rodoviária, a Estação da Luz — e também a Praça de Sé, o Parque D. Pedro, o Vale do Anhangabaú. Aí, porém, as regras já são outras.

Vê-se, dessa forma, que a periferia dos grandes centros urbanos não configura realidade contínua e indiferenciada. Ao contrário, está repartida em espaços territorial e socialmente definidos por regras, marcas e acontecimentos que os tornam densos de significação, porque constitutivos de relações. Se se compara, por exemplo, este quadro, com o que ocorre em bairros ocupados por outros segmentos sociais, pode-se avaliar a importância que o "pedaço" representa para as camadas de rendas mais baixas. Diferentemente daqueles setores — onde na maioria das vezes os vínculos que ampliam a sociabilidade restrita da família nuclear não são os de vizinhança, mas os que se estabelecem a partir de relações profissionais — uma população sujeita às oscilações do mercado de trabalho e a condições precárias de existência, é mais dependente da rede formada por laços de parentesco, vizinhança e origem. Essa malha de relações assegura o mínimo vital e cultural que assegura a sobrevivência, e é no espaço regido por tais relações onde se desenvolve a vida associativa, desfruta-se o lazer, trocam-se informações, pratica-se a devoção — onde se tece, enfim, a trama do cotidiano.

Para além da soleira da casa, portanto, não surge repentinamente o resto do mundo. Entre uma e outro situa-se um espaço de mediação cujos símbolos, normas e vivências permitem reconhecer as pessoas diferenciando-as, o que termina por atribuir-lhes uma identidade que pouco tem a ver com a produzida pela interpelação da sociedade mais ampla e suas instituições.

OS NÓS DA REDE

Se se deixa de lado o questionário e passa-se a observar diretamente e por mais tempo o espaço onde se desfruta o lazer — ou seja, a casa, a vizinhança, a vila — a sensação de monotonia transmitida pelo "último item" em parte desaparece. Os fins de semana não são assim tão tediosos, e as opções de recreação e encontro, mais ricas e variadas: casamentos, aniversários, batizados, quermesses, festas religiosas, bailes, ensaios de escola de samba, excursões, torneios de futebol de várzea, parque de diversões, circo. E também — ficar em casa, dormir, assistir a programas de televisão.

A primeira impressão que se tem é que todos participam de tudo. Com algumas notórias exceções — o bar é privativo de homens — em todas as demais há livre trânsito de homens, mulheres, crianças e jovens. As disputas domingueiras de futebol, por exemplo, atraem público feminino jovem; aniversários, tanto infantis como de adultos, terminam infalivelmente em baile generalizado; nos parques e circos vêem-se crianças, jovens, adultos e assim por diante. Aos poucos, porém, é possível perceber algumas regularidades, diferenciações e preferências — já esboçadas no mapeamento construído com informações das entrevistas — que delineiam espaços e definem relações.

Em casa e fora de casa

Uma primeira tentativa de classificação das formas de lazer e entretenimento pode ser feita pela oposição *casa vs. fora de casa*. Parte do tempo livre de homens e mulheres, passado em casa, é preenchido com atividades que a rigor não podem ser caracterizadas como lazer: "bicos" destinados a complementar renda familiar, limpeza, pequenos consertos, conservação da moradia e de utensílios domésticos. No caso de tarefas como construção ou ampliação de cômodos, que exigem participação de todos os membros da família — muitas vezes realizadas em forma de mutirão envolvendo vizinhos e colegas — o toque de lazer é dado pela pausa do almoço, por algumas cervejas e pelo rádio ou toca-discos (no último volume) que amenizam o trabalho.

Durante a pesquisa de campo, pude acompanhar mais de perto os fins de semana da família de Lúcio, um dos entrevistados, que me convidara "para provar comida baiana, lá em casa, no domingo". O convite foi extensivo a dois colegas de faculdade — um rapaz e uma moça — que tinham ido comigo a Três Corações para ver o circo. A primeira preocupação dos anfitriões foi identificar nossos possíveis laços de parentesco e nosso "pedaço" de origem: se éramos irmãos, primos, quem era namorado de quem e onde morávamos. Só depois vieram as perguntas sobre profissão, estudo, preferências desportivas. Como em geral ocorre nas famílias de trabalhadores, a hospitalidade mede-se, entre outras coisas, pela abundância de comida e bebida que se oferece às visitas. A mesa era farta e os pratos, redundantes, mas pouco baianos: macarrão, arroz, feijão, frango, carne e salada. A casa — com sala, cozinha, banheiro e quatro quartos — era ocupada, na ocasião, por doze pessoas: o casal, seis filhos, duas noras, uma neta e o irmão de uma das noras. Uma filha casada, com o marido e três filhos pequenos, moravam no sobrado contíguo à casa, ainda em construção. Com dois pavimentos, deverá abrigar, ainda, um dos casais atualmente alojado na residência principal.

Nos fins de semana a casa estava sempre cheia de gente — colegas e parentes — também para almoçar; o toca-discos e a televisão, sempre ligados. A construção do sobrado e a reforma da casa ocupavam, de uma forma ou outra, parte do tempo livre de todos os membros da família. No domingo pela manhã, no entanto, o casal e alguma das filhas solteiras iam à feira instalada na rua principal de Três Corações, e os rapazes jogavam futebol. À tarde, também as meninas dirigiam-se ao campo a fim de assistir ao torneio e principalmente para encontrar colegas e apreciar o movimento.

Os momentos de lazer propriamente dito, desfrutados em família, ocorrem por ocasião de festas tradicionais como o Natal, Páscoa, Dia das Mães, etc., e de aniversários, batizados, casamentos. Tive oportunidade de acompanhar alguns desses momentos na casa de Lúcio e na de colegas seus. Os aniversários de todos os membros da família são comemorados, não havendo diferenças entre uma festa infantil e as de adulto: todos participam igualmente, não faltando o tradicional — e enorme — bolo de velinhas, o canto de parabéns, os presentes. Um aniversário é sempre uma boa ocasião de encontro onde se bebe, se dança, estendendo-se a festa madrugada adentro. Não é raro ver algum convidado aparecer com sua própria coleção de discos, ou mesmo com aparelho de som ou caixas acústicas mais potentes. A seleção de músicas obedece a uma distribuição rigorosamente proporcional entre samba, *rock,* música *soul* ou "disco" e "música lenta", cada qual com sua coreografia peculiar[10].

O mesmo ocorre em batizados e casamentos. Solicitado, como "fotógrafo", para tirar as clássicas fotos, pude registrar os momentos mais valiosos do ritual: num caso, o bebê com os padrinhos e, em outro, a chuva de arroz sobre os recém-casados, a disputa em torno da grinalda da noiva, o corte do bolo, o brinde com sidra, etc.

A categoria "fora de casa" subdivide-se em "no pedaço" e "fora do pedaço". No primeiro caso incluem-se os bares, lanchonetes, festas e comemorações de cunho religioso, o parque, o circo, torneios de futebol e bailes quando realizados, respectivamente, em campo e salões situados na própria vila. Os bares, como foi assinalado anteriormente, costumam ser freqüentados exclusivamente por homens que se encontram para "tomar um mé" depois do trabalho ou nos fins de semana. Só no núcleo de Três Corações e suas proximidades pude contar, aproximadamente, uns quinze bares, quase todos com sinuca, alguns com baralho e dominó nos fundos. Isso não significa que a população masculina da vila seja viciada e alcoólatra: o "mé", a sinuca, o dominó e o

[10] Os discos que se tocam nos aniversários infantis não são os chamados "de criança" mas os mesmos que animam por exemplo tanto o aniversário do dono da casa como o de suas filhas ou filhos adolescentes.

carteado são antes de mais nada ocasiões de encontro dos diferentes grupos de coleguismo e vizinhança. Basta lembrar o "ritual de reconhecimento e aceitação" para compreender a importância desses encontros para o estabelecimento e reforço das relações grupais. Os assuntos versam sobre o último torneio futebolístico com acaloradas discussões a respeito das qualidades e defeitos de cada jogador, sobre os campeonatos estadual e nacional, sobre a firma, assaltos, casamentos no bairro, etc. O bar funciona ainda como lugar de troca de informações (onde e como tirar documentos, oportunidades de trabalho), contratação de serviços (pedreiro, encanador, eletricista), discussão sobre qualidade e preço de materiais para construção, etc.

O correspondente feminino do bar é a lanchonete, freqüentada principalmente por grupos de adolescentes que se reúnem para tomar um refrigerante, comer um sanduíche, conversar. E também o ponto de encontro antes de seguir para o baile; os rapazes só a freqüentam com essa finalidade, ou então quando saem com suas namoradas. Para as moças, no entanto, o programa pode terminar na própria lanchonete.

Algumas celebrações como a festa de Cosme e Damião ou Ibeji nos terreiros de umbanda, e festas e quermesses paroquiais, não obstante seu caráter religioso, são freqüentadas por todos, independente de diferenças de credo. Apesar de incluídas na categoria "fora de casa", são consideradas "familiares", da mesma forma como o circo e o parque. Esta conotação, no caso do circo, é, como vimos, claramente marcada pela fala inicial do proprietário, na estréia — "diversão feita por uma família para as respeitáveis famílias da distinta localidade" — e continuamente reafirmada pelas alusões de atores e apresentadores. O parque, que para outros setores e em outros bairros constitui programa exclusivamente infantil, na periferia costuma ser freqüentado também por jovens e adultos, como lugar de entretenimento e ocasião de encontro.

Fazem parte, ainda, da categoria "fora de casa, mas no pedaço", os bailes e torneios de futebol de várzea. No núcleo de Três Corações há dois recintos de dança: o "Fantástico" e o "salão do Joel", ou "Chulé". O salão da Vila Mirna e o "Tabugão" do Grajaú, apesar de localizados em outras vilas, podem ser considerados como pertencentes ao mesmo "pedaço", em virtude da proximidade e grau de contato entre seus moradores; o mesmo ocorre, em certa medida, com o salão do Jardim Eliana, ainda que geograficamente mais distante. O "Fantástico" é sede do "Grêmio Recreativo Escola de Samba Flor da Zona Sul", cujo presidente — Osvaldo "Chapita", investigador da 11.ª Delegacia de Santo Amaro — é proprietário, ademais, de outra sede com o mesmo nome, em Campo Grande. Com 250 figurantes, sendo 25 na bateria, o "Flor da Zona Sul" desfilou, em 1978, em Santo André e costuma ser convidado para apresentar-se em algumas competições em Interlagos, pois um de seus integrantes é mecânico de carros de corrida. A escola ensaia às sextas-feiras a partir das 20 horas, descendo algumas vezes até o centro da vila, onde a batucada dura até as 23 horas — não mais por causa das reclamações de um vizinho que, incomodado com o barulho, ameaçara chamar a polícia. Toninho, o apitador, contestara indignado a esta ameaça: — "Se ele quer chamar os home, que chame, aí a gente mostra o papel do Chapita, então, xará, nós vamos ver quem tem mais força". O Grêmio possuía, na época da pesquisa de campo, 100 sócios, e a mensalidade era Cr$ 100,00. A entrada para os bailes de fim de semana — samba às sextas-feiras e *discothèque* (*soul,* "disco", "balanço") nos sábados e domingos — custava Cr$ 15,00 para os sócios e Cr$ 30,00 para os não associados (preços de 1979). Na entrada do salão, algumas máquinas de diversões eletrônicas e mesas de sinuca; atrás da pista de dança — decorada com frases em inglês, pinturas "psicodélicas", e equipada com "luz negra" — um pequeno bar, com fotos da escola, recortes de jornal, avisos, etc.

Nas sextas-feiras dança-se apenas samba; é o dia de ensaio da escola. Nos sábados e domingos a seleção de músicas é a mesma de qualquer outra festa — samba, *rock, soul,* "lenta" — predominando, contudo, os dois últimos gêneros. O ambiente corresponde, de alguma forma, ao que foi descrito a propósito dos bailes do *Chic Show:* individualmente, aos pares ou em grupos os dançarinos exibem coreografia tão plástica quanto criativa, acompanhando o incompreensível texto das canções com palavras ou frases em português que evocam antes o som do que o sentido das letras em inglês. Não se trata, porém, de espaço de afirmação de identidade, através de sinais diferenciadores como as marcas e símbolos da negritude, por exemplo, mas de ambiente regido pelos mesmos vínculos e regras característicos do "pedaço".

Esta observação é válida também para salões maiores, freqüentados por pessoas de diferentes procedências. Apesar da aparente homogeneidade e de eventuais contatos, os grupos de colegas que vieram juntos e que juntos voltarão para suas casas não se desfazem durante o baile, permanecendo como ponto de referência e esquema de segurança. Dessa forma, mesmo quando situados além das fronteiras da vila, os salões de baile não constituem uma diversão totalmente "fora do pedaço", pois a eles não se vai individualmente, mas em grupo. A presença policial ostensiva, na entrada desses salões[11] mostra, no entanto, que aí as regras já são outras. Pedindo o "passaporte"[12], fazendo revistas em busca de armas — até os "garfos", pentes especiais para as cabeleiras *black,* são requisitados — não raras vezes é a própria "autoridade" que contribui para precipitar o clima de agressividade sempre latente em lugares freqüentados por gente de muitos "pedaços".

[11] Como, por exemplo, no "Brahma", "Asa Branca" em Santo Amaro; "Discothèque Night Fever", no Brooklin; "Super Sideral" em Tucuruvi, etc.

[12] Ou seja, a carteira profissional. No meu caso, em razão dos indisfarçáveis sinais denunciando procedência de um pedaço "mais fino", bastou, na entrada do "Brahma", a apresentação de um documento geralmente de pouco valor na periferia, a cédula de identidade. Não escapei, porém, à revista policial pois, como observou um colega — "branco no meio de muito preto só pode ser o chefe da quadrilha..."

O futebol de várzea

Os "festivais" e torneios de futebol de várzea constituem um importante acontecimento na vila, pois, diferentemente dos jogos disputados apenas entre os times locais, envolvem a participação de equipes de outros bairros. Os torneios são campeonatos que se realizam durante quatro ou mais fins de semana consecutivos, enquanto um "festival" começa no sábado e termina no domingo seguinte. Do dia primeiro de fevereiro a 8 de março de 1981 aconteceu um torneio em Três Corações, patrocinado pelo "Corinthinhas Futebol Clube". Algumas das equipes participantes eram:

Chave A — "Sociedade Atlético Três Corações"; "Bandeirantes Futebol Clube", do Parque das Nações; "Esporte Clube Corinthinhas", do Parque Santa Catarina; "União Esportiva Santa Cecília", do Parque Santa Cecília.

Chave B — "Corintinhas Futebol Clube", de Três Corações; "Onze Garotos" da Vila Mirna; "Bola Sete", do Parque Santa Catarina; "Flamengo Futebol Clube", de Vila Mirna.

Desde cedo é intenso o movimento nas imediações do campo[13]: moças, rapazes e crianças circulam entre barraquinhas de milho verde, vendedores de sorvete, pipoca e, num improvisado bar — que faz as vezes de rouparia e onde se assina a "súmula" — reúnem-se Vasconcelos, diretor do "Atlético", Manoel, do "Corintinhas" e José Alexandre, do "Bandeirantes", para acertar os últimos detalhes do torneio que vai começar. Uma desfalcada bateria de escola de samba anima o ambiente enquanto os jogadores vestem uniformes atrás de cercas, moitas e automóveis.

Cenas como esta repetem-se todos os fins de semana nos bairros mais afastados, comprovando a vitalidade desta forma de entretenimento, apesar das dificuldades que enfrenta. Em Três Corações há nove equipes; na Vila Mirna, seis, no Grajaú, dez e no Parque Santa Cecília, cinco. De acordo com a estimativa do proprietário da "Fanoel Leal Promoções", empresa que se dedica, entre outras coisas, a organizar campeonatos de futebol de várzea, só na região de Santo Amaro há 1.600 times.

Na qualidade de "fotógrafo", estava incumbido de tirar as clássicas fotos e de registrar os melhores lances das partidas; como "repórter", aproveitei para realizar algumas entrevistas com os visitantes, entre os quais o sr. Severino Inácio dos Santos, presidente da "União Esportiva Santa Cecília":

"Lá na nossa vila têm cinco times, além do 'União Esportiva'. Quando a gente sai de excursão vai a torcida, os parentes, moças, até. Já estivemos em Carlópolis, Brasitânia (PR), São José, Itapetininga, Embu, Oroeste (SP) e até em Minas Gerais; ganhamos 25 troféus em quatro anos. Tem muitas dificuldades, a gente não tem campo e

[13] O Campo de Três Corações na realidade é um terreno particular cedido pelo proprietário à Sociedade Amigos do Bairro em regime de comodato, pelo prazo de um ano, a partir de 1977. O contrato nunca foi renovado, mas o campo continua sendo utilizado pelos nove times de futebol da vila, em troca de alguns serviços de conservacão. Sabe-se, porém, que em breve o terreno será pedido, pois o dono já avisou que pretende construir casas para alugar.

jogo de camisa só em tempo de eleição. Falta apoio para o time varzeano; tem terrenos mas é de particulares. A Federação Paulista não ajuda e o jeito é se filiar em ligas aqui perto, como a do Fanoel, que a gente paga CrS 500,00 por mês. O jeito é pagar pra se divertir, porque é melhor do que ficar em bar bebendo. É esporte saudável, para a juventude, inclusive eu tenho três filhos que joga. Oferece desenvolvimento, conhecimento das pessoas, é enriquecimento para o país. E sempre uma alegria lutar por um troféu, o jogo incentiva, traz sensação, animação. O senhor veja, no profissional os jogadores recebe para jogar e na várzea, as pessoas paga para jogar..."

Se as dificuldades que enfrentam são muitas, os clubes varzeanos encontram formas de organização que lhes garantem a sobrevivência, na falta de apoio oficial. Uma dessas formas, que permite a realização de torneios e festivais — numa média de 48 jogos por ano — é conseguida através do recurso a empresas como a já citada "Fanoel Leal Promoções" que, mediante uma taxa de Cr$ 500,00 mensais, encarrega-se de promover torneios marcando os jogos, estabelecendo tabelas e adversários, localizando campos e oferecendo o imprescindível troféu. Em Santo Amaro há outras duas empresas no gênero, a "Imperial Promoções" e a "Promoções Santo Amaro"[14].

Se à primeira vista a vinculação com escritórios desse tipo poderia ser considerada inútil arremedo da estrutura empresarial que domina o futebol profissionalizado — e que não faria senão descaracterizar uma manifestação espontânea de lazer — na realidade, além de vantagens de ordem prática, representa basicamente uma forma de legitimação. Com efeito, ter em mãos um papel devidamente timbrado cujo cabeçalho diz, exatamente: "Pelo presente instrumento, usando das atribuições que lhe confere, FANOEL LEAL PROMOÇÕES, confirma o jogo que será realizado no dia...", etc. — empresta respeitabilidade ao evento e o "oficializa". Pouco importa que atribuições são essas, e quem as confere; o documento, por si só, cumpre o objetivo.

A animação, porém, do torneio de várzea, não termina com a última partida do domingo. Os incidentes, as melhores jogadas, a arbitragem serão comentados e discutidos durante a semana, quando já se começa a pensar no próximo encontro, talvez fora de casa. O que é um acontecimento, pois implica muitas vezes alugar um ônibus, levar torcida e poder conhecer outras pessoas e outros lugares. A rigor, seria mais correto então falar em entretenimento "fora do pedaço"; nesses casos, porém — como já foi assinalado com relação aos bailes —, na realidade não são os indivíduos, mas é o próprio "pedaço" que se locomove.

A excursão de farofeiros

A única forma de lazer que por definição se realiza "fora de casa" e "fora do

[14] Tais empresas não passam de pequenos escritórios cuja atividade — além da organização de jogos — consiste em contratar cantores, conjuntos musicais e duplas caipiras para *shows*, bailes e circos. A "Fanoel Leal Promoções" conta com 130 times filiados, enquanto a "Imperial Promoções" — também conhecida como a "liga do Bozzolo" — e a "Promoções Santo Amaro", com 150 e 500, respectivamente.

pedaço", a excursão, não foge inteiramente a esta regra[15]: apesar de muitos de seus integrantes serem de outros bairros — algumas passagens são vendidas na firma, na escola — a maioria é do "pedaço", como se pode perceber na excursão que está prestes a sair para Caraguatatuba[16]. Solange, a organizadora, já está impaciente: avisara todo mundo que o ônibus estaria às dez e meia da noite de sábado na frente de sua casa, conforme tinha acertado com o motorista, lá na empresa. Quem não chegasse na hora, azar, perdia a viagem. Mas, como sair sem a Luzinete, o Leo e Mariângela — justamente os primeiros que tinham combinado com ela?

"O pior de tudo é que são da vila, até parece que os de fora dá pra gente confiar mais. Também, não me pegam para contratar outra excursão. Só dá dor de cabeça, e no fim acaba sobrando pra gente. Quem não vem eu é que tenho que pagar, que a empresa não quer nem saber. Assim, não tem condições..."

Enquanto a responsável pela excursão — e já é a terceira que organiza — preocupa-se com os inevitáveis retardatários, os que esperam desde as nove horas em sua casa, em Três Corações, não estão nem um pouco ligando para o atraso: para eles, a diversão já começou. Enquanto aguardam o início da viagem, dançam, tomam umas e outras e conversam animadamente, entusiasmados com a perspectiva de um dia diferente, na praia. É preciso aproveitar intensamente cada minuto, pois o tempo disponível é curto: a volta está prevista, como de costume, para as 17 horas do domingo. Dessa forma, a festa que se inicia com a reunião da casa da organizadora continuará durante toda a viagem, sem nunca perder o ritmo. Assim começa mais uma excursão de "farofeiros" que, em centenas de ônibus, dirigem-se todos os fins de semana a Aparecida do Norte, Praia Grande, Piraporinha, Caverna do Diabo, São Vicente, Tambaú, Santos, Caraguatatuba, etc. Uns por devoção, outros por alguma promessa, a maior parte pelo passeio; todos, no entanto, em busca de alguns momentos de lazer. Sejam quais forem seus objetivos ou pretextos — cultuar Iemanjá, cumprir uma obrigação diante do altar de Nossa Senhora Aparecida, ou, simplesmente, diversão — essas excursões populares apresentam todas a mesma dinâmica. Primeiro, o aviso afixado na padaria do bairro anunciando o preço, local, dia e hora da saída; depois, a contratação do ônibus na empresa de turismo, a venda das passagens a colegas, vizinhos e parentes; finalmente, a preparação do imprescindível farnel, o encontro e a curta mas animada viagem. De qualquer forma, não se pode estabelecer distinção muito rígida entre excursões de cunho religioso e as profanas. Se estas últimas têm seus momentos "sagrados" — não há lanchonete de beira de estrada que não tenha uma gruta com algum santo, ocasião e motivo para rápida prece, na volta — as religiosas terminam invariavelmente em festa. Nesse sentido não se diferenciam

[15] É o que se verifica também em determinados lugares de afluxo em massa, como os estádios de futebol profissionalizado. Além de o comparecimento não se dar de forma individual, é preciso levar em conta o fenômeno das "torcidas organizadas", que, se não têm como ponto de referência principal o "pedaço", representam um princípio de diferenciação e expressam uma identidade.

[16] 14 de fevereiro de 1981.

de outras formas de devoção como rituais de umbanda e candomblé, certas comemorações do catolicismo popular ou ainda quermesses paroquiais, onde o profano e o sagrado se interpenetram, e onde se passa de um a outro sem maiores escrúpulos.

Finalmente chegam os três que estavam faltando, Solange respira aliviada e o ônibus parte. Na Vila Mirna e no São José, uma rápida parada com o objetivo de apanhar, conforme o combinado, mais alguns excursionistas: um casal, dois rapazes, um dos quais, pergunta "se não dá pra quebrar o galho de uns colegas que também estão a fins". Nova preocupação para Solange: com os penetras, a lotação supera a capacidade do ônibus e o motorista adverte que pode haver problema com a polícia rodoviária. Lá de trás, um protesto: — "Já tinha que falar nos home e botar água na minha cerveja...". Na realidade ninguém se incomoda muito, pois sempre se dá um jeito. Efetivamente, cada vez que se aproxima um posto policial, alguém de sobreaviso dá o alarma, e todos se abaixam. E assim a viagem prossegue, na maior animação: abrem-se as sacolas e já começam a circular sanduíches, litros de batida, surge um violão. Ritualmente obrigatória é pelo menos uma parada, em algum bar de beira de estrada: descem todos, cruzam com integrantes de outras excursões — momentânea mistura de gente de todos os "pedaços" — e após o cafézinho, um bolo, o "mé", a viagem continua sem interrupção até o destino final.

São 4h30 da manhã e dezenas de ônibus já estão estacionados. A primeira providência é alugar uma cabine onde rapidamente se troca de roupa; ainda está escuro, mas a praia já fervilha. Afinal, não há tempo a perder, pois o programa é intenso: futebol na areia, banho de mar, pescaria, caminhar pelas pedras, apreciar o movimento, saborear o lanche. Estar acordado a essa hora não é propriamente uma novidade para quem está habituado a levantar cedo para o batente de todos os dias. Não é o momento, porém, de estar lembrando do emprego, nestes rápidos mas bem aproveitados instantes em que é possível fazer o que se quer, sem ordens, sem necessidade de exibir documentos, sem horários — a não ser, é claro, o da volta, que é rígido: cinco horas. Não há como escapar à ineludível realidade do trabalho que, esquecido por algum tempo, retorna estabelecendo os limites do lazer. Por isso é que o atraso — que no início da viagem não causa maiores preocupações — na hora de retornar é motivo de irritação, e os que resolveram esticar um pouco mais o passeio são recebidos com uma sonora vaia.

Por fim aparecem os retardatários e começa a viagem de volta. O natural cansaço, em decorrência do verdadeiro malabarismo de condensar tanta atividade em tão curto espaço de tempo, não arrefece a animação, algo diferente, contudo, da do início do passeio. O que se desfruta agora não é mais a expectativa de uma forma de lazer que quebra, ainda que momentaneamente, a rotina de um duro cotidiano, mas o clima produzido por algumas horas de convivência é alimentado pelos comentários, pelas mil peripécias a contar — e que serão lembradas durante muitos dias em casa, na firma, na escola — e pela satisfação de algum encontro mais especial. O ritual da volta é o mesmo, acrescido, porém, das habituais contribuições para a caixinha do motorista, iniciativa em que o gesto significa mais do que a escassa quantia arrecadada. E dessa forma a festa chega ao fim. O ônibus vai deixando os excursionistas, na medida do possível, perto de suas casas; despedidas, planos para futuros encontros. Solange — entre eufórica e compenetrada — recebe os cumprimentos pelo sucesso da excursão:

"Graças a Deus correu tudo bem, não deu confusão. É que o pessoal é bacana, e o sol ajudou. Assim dá gosto e vamos ver se a gente faz outra. Muito obrigado por tudo e desculpe alguma coisa."

O concurso de violeiros

Além das formas de entretenimento que habitualmente preenchem o tempo de lazer nos bairros da periferia, há algumas, mais esporádicas, cuja realização depende da criatividade de seus idealizadores. Acompanhemos uma destas últimas, como contraponto às já analisadas. Trata-se de um concurso de violeiros organizado pelo proprietário do bar, salão de baile e sede social do "Esporte Clube Maria Borba", sr. Ivo Rosa Chagas, no núcleo do "pedaço" do Jardim Maria Borba (Estrada da Varginha), próximo a Três Corações.

Cartazes de cartolina afixados nos bares e padarias das imediações anunciavam, para o dia 1.º de fevereiro de 1981, a partir das 12 horas, o "Primeiro Concurso de Violeiros com a participação no jurado do sr. Henrique Cardoso, da Empresa de Promoções Artísticas". Ademais de oferecer os troféus para o primeiro e segundo colocados, a referida empresa prometia, ainda, providenciar gravação da música vencedora[17]. Compareceram onze duplas caipiras: Douglas e Dorinha, Biratã e Biray, Vando e Vandinho, Inquilino e Proprietário, Orário e Oraí, Cidão e Cidinho, Campo Verde e Rei da Mata, Irmãos Medeiros, Poente e Pastorinho, Paisagem e Passageiro, Tenente e Pracinha. Goiano e seu bandolim e Judas, o Trovador, participaram individualmente.

No momento culminante da festa, que começou com considerável atraso, havia cerca de 300 pessoas no recinto, principalmente homens — jovens, na maioria — além de algumas moças e senhoras. Após a apresentação dos candidatos, o sr. Henrique Cardoso sobe ao palco e anuncia que houve empate entre os cinco primeiros colocados e, para não cometer injustiças, prefere que o público julgue e atribua os prêmios, através de aplausos. Os finalistas são os seguintes: Douglas e Dorinha, Ju-

[17] Trata-se de uma empresa nos mesmos moldes de suas congêneres, já citadas, como a "Fanoel Leal Promoções", "Promoções Santo Amaro" e outras.

das, o Trovador, Paisagem e Passageiro, Campo Verde e Rei da Mata, Poente e Pastorinho. Cada dupla deverá cantar novamente apenas dois versos e na primeira votação saem vencedores Douglas e Dorinha, e Campo Verde e Rei da Mata. O representante da "Empresa de Promoções Artísticas" frisa que quem aplaudir uma dupla, deve abster-se de fazê-lo quando se apresentar a outra, para que se possa saber qual será a vencedora. Um entusiasmado participante da ruidosa assembléia confidencia que será incansável em seus aplausos para Douglas e Dorinha, em primeiro lugar porque os integrantes dessa dupla são mineiros, como ele, e depois, porque são seus vizinhos. Efetivamente, ao começar a disputa entre os finalistas, mostra entusiasticamente sua preferência por Douglas e Dorinha; quando aparecem Campo Verde e Rei da Mata, afasta-se, mineiramente: "Agora vou guardar minhas mão no bolso...".

No comando do espetáculo desdobra-se "Chupeta", uma figura popular na vila, ex-palhaço de circo, que mostra todo seu domínio de palco. Os ganhadores são Douglas e Dorinha, o público vibra, mas a entrega dos troféus é retardada para que uma dupla possa apresentar-se, *hors concours,* por ter chegado tarde: Tenente e Pracinha, cuja atuação mereceu comentários do tipo: — "Sorte dos outro que essa dupla chegou atrasado, senão azar delas!" O momento de entrega dos pequenos troféus — "não tive tempo de mandar fazer as inscrições", desculpa-se o sr. Ivo — é cercado por um clima de muita emoção. O sr. Henrique Cardoso faz um pequeno discurso ressaltando a importância do acontecimento, afirmando, entre outras coisas, que

"[...] a iniciativa do sr. Ivo Rosa das Chagas é um gesto muito bonito, de promover a música sertaneja, linda coisa para o sofrido povo brasileiro, porque ser sertanejo é ser brasileiro!".

Douglas, em nome da dupla vencedora agradece o troféu, que na verdade

"[...] pertence a todos vocêis que nos incentivaram, nos trouxeram seus aplausos e este troféu vai ser uma lembrança de todos vocêis, pra nós...".

Fala, em seguida, o idealizador do concurso, sr. Ivo Rosa das Chagas, que agradece o comparecimento dos violeiros, do jurado e principalmente do público que veio prestigiar o espetáculo. E conclui: — "A casa é de vocêis, a festa continua!". Os vencedores são solicitados a cantar novamente, aparece "Goiano e seu bandolim" que executa sambas e chorinhos. Aproveito, então, para fazer algumas entrevistas com os presentes. "Seu" Mário é mineiro, tem 44 anos e faz 15 anos que mora em São Paulo:

"[...] gosto de música sertaneja porque fui criado neste ritmo. Hoje tem todos os ritmos e a gente é obrigado a ouvir. Mas não esquece aquele que a gente foi criado. Tem também gente nova que gosta de música sertaneja, o senhor vê quantos moços tem aqui. Os meus filhos escuta música sertaneja."

Entra na conversa o sr. Alfredo:

"[...] é muito legal fazer esses concurso, porque vai evoluindo e daí pode sair muitos movimento. Aqui tudo é colega, da vila, dessa Estrada da Varginha. Eu trabalho em eonstrução, por conta própria, e sou pedreiro. Faz sete anos que vim da Bahia, e já tenho casa própria. É preciso a gente ter diversão. Aqui tem um parquinho, às veis vem um circo, e nos sábado tem baile aqui no salão."

"Seu" Mário retoma a palavra:

"[...] é, o Bigode tá certo. Aqui é uma diversão sadia, não tem bagunça. Os de fora é que apronta. O senhor veja, se por um acauso eu tomo uns mé de mais da conta, o Bigode aqui, que é colega, vem e me pega no braço e me leva pra casa, que ele sabe onde eu moro. Aí, não tem erro. Aqui é tudo conhecido, ó, pode ver. Tudo gente daqui."

Como o assunto do momento é a música sertaneja, resolvo perguntar qual é o programa de rádio mais ouvido:

"[...] bom, já de manhã cedo a gente escuta o Gil Gomes, aquelas história de crime que ele conta. Depois vem o Sílvio Santos e depois o Eli Correia, tudo da rádio Record. Aí de tarde já é a televisão pras criança, aqueles filminho. Mas o Eli é fora de série. É um programa gostoso, com disciplina. O que ele fala é disciplina, é lição pra vida, pros velho, pros moço. Olha, eu vou contar um causo, com duas vizinha minha que mora sozinha. Elas não têm filho, e um dia me disseram: — Pra nóis, o Eli é um companheiro. É, o Eli dá as explicações pra vida."

"Seu" Alfredo resolve fazer um elogio do bairro:

"Aqui agora tem de tudo, tem farmácia, o salão de dança, uma feirinha, escola, aquilo pras criança, como é..., ah, a creche, um açougue. Bom, falta ainda um supermercado, mas a gente compra na padaria. O bairro valoriza-se tem movimento e aqui passa muita condução. Agora, é bom que não cresça muito, porque aí valoriza muito e já fica dos rico, e daí a gente como nóis já não pode ficar mais."

"Seu" Mário conta, então, a longa história da ajuda que prestara a um ex-colega de firma e com o qual mais tarde veio a trabalhar numa construção. Esse colega não procedia como ele, que levava marmita: preferia comer nos bares e não dispensava a cervejinha na hora do almoço. Um dia cai doente e vai parar no hospital; sua esposa vem pedir auxílio. Mário não vacila; na primeira vez empresta quinze mil cruzeiros, depois dez e finalmente cinco mil. Eram todas as suas economias, mas estava satisfeito por ajudar um colega. Este, tendo saído do hospital, veio fazer-lhe uma visita, dizendo-se disposto a trabalhar duro para pagar a dívida. Mário ia começar uma empreitada de doze casas, e prometeu-lhe trabalho: mesmo que no início, por estar ainda fraco, não pudesse dar conta do serviço, não tinha erro; era caso de precisão.

A festa prossegue animada, virou baile ao som de sambas e modinhas de carnaval. O sr. Ivo afirma que com esse concurso não teve nenhum lucro, mas, ao contrário, despesas. As pessoas, porém, que compareceram e gostaram, certamente voltarão para o baile dos sábados. Às 22 horas toca a última música: "Está chegando a hora...". "Amanhã" — explica o dono do salão, fechando o estabelecimento — "é segunda-feira, dia de trabalho".

Apesar de o concurso de violeiros constituir uma forma de entretenimento de algum modo diferente das que em geral preenchem o tempo de lazer nos bairros da periferia, pode-se observar nele a presença dos mesmos elementos que se encontram nas demais formas, já descritas. Como nas anteriores, o ponto de referência básico é o "pedaço" e as relações que o definem e circunscrevem: não menos perceptível que a valorização dos vínculos de coleguismo e vizinhança é a prevenção contra "os de fora", vistos sempre como os responsáveis por qualquer violação das regras. Por outro lado, da mesma forma que aniversários, batizados e casamentos, o concurso terminou em baile; como nos torneios de futebol, lá estava a "Empresa de Promoções Artísticas" e seus troféus, e, à semelhança da excursão, a falta de pontualidade no início contrasta com a rigidez da hora de terminar, limite que é imposto pelas necessidades do trabalho. A atuação de um ex-palhaço, apresentando os candidatos e animando o ambiente; o recurso aos aplausos como forma de expressar preferências e outorgar prêmios e a participação da platéia fizeram do encontro dos violeiros um espetáculo muito próximo aos que são levados nos circos de variedades. A notória influência de determinados programas radiofônicos — visível, por exemplo, na impostação de voz de quantos se aproximavam do microfone e no inconfundível estilo das duplas caipiras, copiado de outras, mais famosas — coloca, finalmente, a questão da presença dos meios de comunicação de massas na rede de lazer popular.

Os meios de comunicação

A complexidade de seu sistema de produção e circulação, as controvérsias que tem originado sua suposta dominação ideológica sobre os consumidores e, por último, o volume de informações e dados empíricos necessários para tratamento adequado fazem da problemática em torno dos meios de comunicação de massas tema que exige estudo à parte. Nos limites deste trabalho cabem, contudo, algumas observações sobre certos programas de rádio, em virtude do significado que possuem para a população dos bairros de periferia e pelas ligações com o mundo do circo, como se verá.

Quando em determinados debates, publicações e análises se denuncia o complô armado pela classe dominante para anestesiar a consciência das pessoas e inocular-lhes sua ideologia, todas as baterias se voltam para a televisão: seu poder é cantado em prosa e verso. Não se dá a devida importância ao rádio, por exemplo, meio de comunicação de marcante presença nas camadas populares: os programas animados por Eli Correia, Zé Bétio, Gil Gomes, Barros de Alencar, Hélio de Aguiar, Osvaldo Betio e outros, de determinadas emissoras citadas nas entrevistas e questionários — e com as quais o receptor da casa, do botequim, da barbearia está permanentemente sintonizado — sucedem-se de forma ininterrupta, como é o caso, por exemplo, da Rádio Record. Os ingredientes desses programas são: música (sertaneja, nordestina, "jovem"); horóscopos, piadas, leituras de cartas relatando problemas amorosos, familiares, profissionais[18]; comentários de temas de atualidade (a polêmica sobre o *topless,* a festa corinthiana como sendo ou não fator de esquecimento das "agruras da vida", o boicote à carne, o custo de vida, entre outros) com participação dos ouvintes, por carta ou telefone; histórias da vida circense, anúncio dos circuitos dos circos pelos bairros, publicidades de uma linha específica de produtos, etc.

Para compreender a popularidade de tais programas é preciso fixar-se menos no conteúdo do que na peculiar maneira pela qual são realizados, responsável por um determinado estilo, um clima especial que torna seu apelo verossímil. Os animadores dirigem-se de forma coloquial e direta, à mãe, à dona-de-casa, ao marido; mantêm contato com os ouvintes que das residências, bares, padarias, hospitais telefonam à emissora para pedir e dedicar músicas (no velho estilo das festas de igrejas e "serviços de alto-falantes" das cidades do interior), solicitar conselhos, ajuda, colaboração aos demais ouvintes, ou simplesmente para falar com os animadores que os tratam pelo nome, perguntam pelo seu trabalho, sua família e escutam suas opiniões:

" — Você fala de onde, Helena?

— De Santo Amaro.

— Como vai o povo querido de Santo Amaro?

— Muito bem, estamos muito felizes.

— Que é que você faz aí?

— Trabalho...

— Trabalha... Luta pela vida, para ganhar o pãozinho de cada dia...

— Hélio, eu estou ligando porque sei que o seu programa tem uma penetração enorme, e eu gostaria se alguém estiver ouvindo e quiser colaborar comigo, eu estou querendo ver se arrumo, Hélio, cadeiras de roda para uma porção de velhinhos, e será possível a gente falar com o teu público, se alguém tem essa boa vontade?" (Programa Hélio de Aguiar, Rádio Record).

[18] Como, por exemplo o da moça que faz apelo ao namorado para que volte, do pai que pede esclarecimento sobre o direito de ficar com os filhos do primeiro casamento, do preso que solicita transferência de um presídio em São Paulo para uma casa de detenção em sua cidade natal, do ex-bóia-fria que, acidentado em trabalho, pede um aparelho ortopédico para exercer o ofício de vendedor ambulante, do garçom que deseja corresponder-se com jovens casadoiras, etc.

"[...]. Oi... gente! Gente do Jardim Veloso, Osasco: Edna Santana ao esposo, sr. Mário, aos filhos Marinho, Tadeu, Neide, Cleide — 'Caso de Emergência', com Wanderley Cardoso!

[...]. O Clube da Amizade, chamando a sua atenção: Você que está precisando de um habilitado em controle de qualidade; uma pessoa habilitada em controle de qualidade está pedindo emprego, está se oferecendo. Olha aí, você que está precisando de prático em enfermagem, para cuidar de pessoa idosa, disque para o Clube da Amizade, 542-3439. Você que está precisando de um garçom para boates ou diretoria; trata-se de um garçom formado, fino; é só telefonar para o Clube da Amizade!" (Eli Correia, Rádio Record).

"— [...] e as melodias que vamos tocar agora, você oferece para quem?

— Para dois novos ouvintes do seu programa, Hélio, que eu quero apresentar pra você, que talvez hoje estejam ouvindo o seu programa pela primeira vez!

— Mas que alegria!

— Chama-se Nicanor, conhecido por 'Espanhol', e o Júlio, que trabalha lá na Macro. E dedico pra você também, Hélio, tá?

— Tá, obrigado, minha simpática e valorosa mulher de São Paulo" (Programa Hélio de Aguiar, Rádio Record).

Este contato direto e personalizado, com apelos à família, ao bairro, ao trabalho, aos colegas — elementos que fundamentam, como vimos, as relações no "pedaço" — está presente em todos os momentos desses programas, até nos horóscopos e publicidade. Esta — em geral sobre remédios, fortificantes, alimentos, materiais para construção — anuncia os produtos como sendo elementos indispensáveis para resolver os problemas existentes na família, como o nervosismo da mãe, a falta de apetite dos filhos, o alcoolismo do marido, o reumatismo do avô. Substituindo a publicidade gravada, é o próprio animador quem enumera as qualidades do produto e suas aplicações, empregando os mesmos termos que fazem parte do vocabulário do público:

"[...] minha querida ouvinte, a senhora que é dona-de-casa e se preocupa com a saúde de seus fillhos, e que sofre quando o Joãozinho senta na mesa e não quer comer o arroz, o feijão e às vezes nem quer saber da mistura, dê para ele 'Pertônico' para abrir o apetite. A felicidade de uma mãe é ver que todos os filhos, na hora do almoço ou janta, comem bem, por isso a senhora deve dar pra eles 'Pertônico'. Aí vai ver que o Joãozinho, a Mariazinha, o Pedrinho vão limpar o prato, vão comer o feijão, o arroz, a mistura" (Programa Zé Bétio, Rádio Record).

"[...] Robustol, que dá saúde pra valer, mamãe, a senhora que anda tão enfraquecida, também, pula o dia inteiro, trabalha o dia inteiro, não dá nem tempo pra assistir à novela, tempo não, não tem é disposição pra assistir à novela; chega na hora da novela, começa a dar aquelas fisgadas, aquelas cochiladas, aí vem o marido falar: — 'acorda, velha, que é isso, tá dormindo na frente da televisão?' — Mas é mamãe cansada, é a mamãe que já está esgotada, é o dia inteiro, lava roupa, passa roupa, cuida da casa, faz comida, cuida das crianças, cuida do marido... não é brincadeira! Mamãe, a senhora precisa de um fortificante. O marido também precisa, as crianças que estão estudando... 'Robustol, o fortificante da família.' Duas horas e trinta e dois..." (Eli Correia, Rádio Record).

Os programas sertanejos são ambientados a rigor, isto é, entremeados com canto de passarinhos, mugido de gado, cacarejar de galinhas; as notícias policiais não são relatadas de forma impessoal, mas dramatizadas, ou melhor, "melodramatizadas", como faz Gil Gomes; Eli Correia lê as cartas de ouvintes com nome, sobrenome, endereço, no programa "Que Saudades de Você!", contando os desencontros amorosos, transmitindo perdões, saudades, pedidos de volta, com o devido fundo musical.

"[...]. O programa dele [Eli Correia] é ótimo, inclusive porque eu gosto e sempre escuto o programa dele. Ele é humano, ele trata todo mundo igual. Eu gosto daquela parte lá — 'Que Saudades de Você' —, as pessoas escreve pra ele dizendo alguma coisa que passou na vida; sabe o que acontece? São pessoas que têm saudades de alguma coisa que aconteceu na vida de alguém, escreve pra ele a carta e inclusive alguém se encontra, através do programa dele" (Trecho de entrevista).

Outra característica desses programas, além da busca de um contato personalizado, de referências aos membros da família, ao bairro, é o clima de otimismo que se procura criar em contraste com a situação de insegurança, perigos e dificuldades "dos dias de hoje", "dessa cidade", etc.:

"[...] porque a grande verdade é que nós estamos num mundo cheio de ódios, de rancor, de maldade, de criminalidade e a gente procura levar um pouco de tranqüilidade a cada coração que nos ouve, a gente procura levar um pouquinho de paz, de conforto, um sorriso para os olhos tristes... Por isso é que o povo gosta do programa Hélio de Aguiar, ele entra na casa mais luxuosa do Morumbi, como no barraco mais insignificante" (Programa Hélio de Aguiar, Rádio Record).

Se entra "na casa mais luxuosa do Morumbi" é discutível (pelo menos, não através do receptor do patrão), mas que essa mensagem de otimismo é escutada com agrado, não há dúvida, a julgar pelas entrevistas:

"[...] o programa dele tem a mensagem que ele tenta transmitir que dá pra gente entender. Mensagem de otimismo, transmite paz e amor, que a gente tanto espera ter.

Inclusive, ele transforma as pessoas, fazendo que elas acreditem um pouco mais no mundo que elas vivem. Ele dá a mensagem certa na hora certa. É isso que eu acho dele" (Trecho de entrevista).

"[...] é desse tipo de gente que nós estamos precisando, entende? Porque enquanto existir bastante gente desse nível, desse jeito, então não tem tanta coisa ruim; bom, eu sou muito assim, muito humana, então eu gosto de pessoas humanas... humanidade é assim enquanto existir um tipo de gente como o Eli, e muitos outros, evita de muitos problemas de crime, assaltos."

Nos programas em que se solicita a opinião dos ouvintes sobre algum tema controvertido, as pessoas participam com interesse. Na madrugada de um domingo em que o Corinthians obteve uma vitória sobre o time da Ponte Preta, o animador Hélio de Aguiar propôs a seguinte questão: "Se a vitória do Corinthians, a festa da torcida corinthiana consegue diminuir as dificuldades, as agruras da vida". Após a intervenção de uma ouvinte, são-paulina, cuja opinião foi considerada desairosa pelos torcedores do Corinthians, desencadeou-se uma polêmica da qual participaram ouvintes de Santo Amaro, Santo André, Vila Sônia, Caçapava, um carreteiro na Transamazônica, um trabalhador da Telesp, etc. Alguns trechos desse programa:

— "Quem fala?

— Eduardo.

— Eduardo, você fala de onde?

— Da Telesp.

— Eduardo, meu querido, você foi ao Morumbi?

— Fui, e só deu timão...

— Que beleza, bandeiras agitadas, eu participo da alegria de todos vocês, já que o programa Hélio de Aguiar é do povão de São Paulo, é o programa das aspirações populares... Você acha que esta festa pode levar o povo a esquecer provisoriamente as agruras da vida?

— Bom, tentar a gente tenta, mas fica um pouco difícil...

— Tentar a gente tenta, né?... tá bom."

[...]

"— Alô, quem fala?

— Odair, de Santo André.

— Como vai o pessoal de Santo André?

— É aquele povo maravilhoso, que ouve a maravilha de seu programa Nós estamos aqui, num bar, tentando falar com você. Como o povo corinthiano, a gente tá fazendo uma batucada, uma alegria. Mas é preciso que saibam de uma coisa, o esportista deve saber perder, a alegria do esporte é muito bacana mas sem violência; respeito à integridade física do próximo.

— Exato. Se você ouviu meu comentário, você sabe: o fanatismo é ruim na política, na religião, no futebol, em todo setor. O homem precisa de bom senso, equilíbrio.

— É isso aí.

— Bom, você pediu para tocar Nelson Gonçalves. Para quem dedica?" (Programa Hélio de Aguiar, Rádio Record).

O animador, como se pode observar, não perde ocasião para dar seu recado, transmitir sua opinião, em geral conservadora e moralista. Esta, aliás, parece ser outra das características do discurso desses programas radiofônicos. A título de exemplo, alguns trechos do programa Hélio de Aguiar, no qual ele propunha o seguinte tema para debate com os ouvintes: "Se no carnaval, com bebedeiras, ladrões, *topless*, neuróticos, é um divertimento sadio, dá pra levar a família". As opiniões dos ouvintes se dividiam, mas o comentarista inseria seu ponto de vista, tendo até mesmo cortado a palavra de uma pessoa que discordava frontalmente dele.

"[...]. O carnaval vai ser a pouca-vergonha do que já era; você tem acompanhado os crimes que o *topless* vem ocasionando? Imagine o que vai acontecer no carnaval, com bebedeira, tóxico. É profundamente melancólico para a moral do país, o retrato da moral de uma gente. E estamos caminhando para isso. É a Sodoma e Gomorra, meu jovem!... E o programa Hélio de Aguiar está aqui pra isto! Toda tentativa é válida, desde que alicerçada na verdade, na pujança, na força moral. Não estamos pregando no deserto, desejamos a mudança interior da criatura humana, porque, da maneira como as coisas estão, estamos caminhando para o abismo, meu jovem! Quando uma pessoa vai para uma festa de aniversário, de um afilhado, ela já vai alegre interiormente; agora, se vai a uma festa triste, e vai ficar alegre em função da pinga, está usando uma bengala como apoio psicológico..."

A presença desse conservadorismo nos faz pensar na oposição drama *vs.* comédia de circo: enquanto os dramas transmitem uma visão de reforço de certos valores, instituições e convenções, a comédia os transforma em alvo de pilhéria. No caso dos programas radiofônicos, ao lado desse discurso "sério", não faltam as referências de duplo sentido, piadas e descontração ao tratar de certos temas. No trecho acima, o animador opunha a depravação do carnaval à alegria saudável de uma festa de aniversário; esta, como vimos, é uma forma de lazer de que as pessoas desfrutam, na periferia, o que não significa que abominem o carnaval; estamos, pois, diante de um dos descompassos entre um discurso "sério" e o nível do concreto vivido, pois nem por isso deixarão de escutar e até aprovar opiniões do tipo da defendida pelo animador.

Esta aproximação entre circo e programas radiofônicos não é arbitrária: existe uma relação muito concreta entre ambos. Com efeito, nesses programas contam-se histórias de famílias circenses, anuncia-se a apresentação não só de *shows* e cantores neste ou naquele circo, como também o comparecimento dos próprios animadores:

"[...]. Oi... gente! Olha aí, vamos atendendo com prazer, com muita alegria, mas antes lembrando a todos os nossos ouvintes, lá de Vila Clarice, em Pirituba: sábado, o Eli Correia, o *Show da Alegria,* vai estar aí, gente, no Circo Itami, sábado, no Jardim Panamericano, no Jaraguá, no Circo Spadoni; no domingo, estaremos no Circo Real Medrano, em Piraporinha; aí em Diadema, domingo, também, no Circo do Xexéu, Jardim Caema, em Diadema, com a coroação da moça mais bonita... Duas e trinta e cinco! De Vila André, Rosando, Luciano Lima, à mamãe, dona Jorgina, com todo carinho" (Programa Eli Correia, Rádio Record).

O *show* de Eli Correia e sua "Caravana da Alegria" no Circo Itami, em Pirituba, consistiu no seguinte: Em primeiro lugar, o animador do circo apresenta o conjunto musical e duas moças — "do elenco da Rádio Record" — que farão um número de bailado. Logo após, um cantor "carioca" interpreta vários sambas (*Iemanjá, a Rainha do Mar* é o mais aplaudido) seguindo-se outro, "de música jovem". Finalmente aparece Eli Correia, todo simpatia e comunicação, cumprimentando um por um os espectadores do setor das cadeiras. Propõe um concurso de dança entre as garotas presentes, sendo os prêmios uma "belíssima colcha" e um "moderno relógio de pulso"; apresentam-se quatro candidatas, com as quais o animador estabelece um demorado diálogo, perguntando-lhes nome, idade, se trabalham ou estudam, se têm namorado, etc. Combinada a forma do julgamento — a intensidade dos aplausos é que indicará as vencedoras — realiza-se a prova, distribuem-se os prêmios, e tudo transcorre na mais perfeita tradição de um circo de variedades, e no clima de alegria que caracteriza os programas de Eli Correia na Rádio Record. Terminado o *show*, começa a segunda parte do espetáculo, com *sketches* e números a cargo do palhaço e artistas da casa.

A atração anunciada para a função do dia 30 de janeiro de 1982 no Circo-Teatro Bandeirantes (Vila dos Remédios), logo após o drama *O Fuscão Preto,* era Gil Gomes, "o famoso locutor policial da Rádio Record". Vale a pena transcrever alguns trechos de sua participação:

"É um prazer conhecê-los pessoalmente e poder dizer: aperto suas mãos. Mas é difícil dar seqüência a uma peça tão bem representada, a um espetáculo tão bem apresentado. Mas, que fazer? Nós, que apresentamos as notícias mais tristes da Capital paulista? Que sentido pode ter um homem que fala de coisas tristes, vir ao circo, alegre? Será que este homem vai falar, detalhe por detalhe, como faz todas as manhãs? Não! Vou falar só dez minutos, bastam quando a platéia é esclarecida. Algumas estatísticas: em São Paulo há dez atropelamentos mortais por dia; dois são de escolares. E é por falta de estudo: por ignorância do próprio atropelado ou dos responsáveis. Por isso esta palestra no circo, que um dia tem de entrar no currículo escolar. Não é um *show,* pois não sou artista; este que aqui está é um homem que não sabe se colocar num palco, é um jornalista que entende da vida, e que sabe que para grandes males, pequenas doses. (Dirigindo-se a uma senhora na primeira fila:)

— A senhora acha que a juventude de hoje é pior ou melhor que de antigamente?

— Pior.

— É, a maioria diz isso, mas eu discordo. A juventude é igual, é retrato, é conseqüência dos adultos. E os adultos? E os pais? E a senhora, é melhor que seus pais?

— ...

[...]. O ritmo da vida, a luta pela sobrevivência é maior. Nós explicamos mal! Num passado não distante, mas recente, quando a família se reunia, jantava junto: pais e filhos comiam e conversavam juntos: havia mensagem do pai para o filho. Hoje, esse diálogo não existe: a televisão impede. Os filmes substituem os ensinamentos: a juventude de hoje é sábia em conhecimento, mas sem experiência. O rapaz tem medo de falar *não* a um traficante de drogas que lhe diz — 'Seja homem, fume isto!' As moças, a mesma coisa: essa mania exagerada de libertar-se dos grilhões do passado; é medo de dizer não. A razão do crime é a destruição do elo da família. É preciso que cada pai se pergunte: — 'Em minha casa, crio bem meus filhos?' Agora, atenção: dar tudo que se quer, é criar bem? — 'Fiz tudo pelo meu filho, por que ele entrou nesse caminho?' Vocês devem estar perguntando: este homem é um pregador? É que eu cansei de acontecimentos tristes. Não se pode acabá-los, mas diminuí-los. Passadas as emoções do circo perguntar: 'Estou agindo corretamente?' Não sou um artista, mas um jornalista cansado de ver tristezas: a segurança coletiva depende da segurança em suas casas. Espero que o que eu disse seja uma semente que brote na mente de cada um. Queira Deus que eu possa sempre encontrá-los em lugares descontraídos, pacatos, como o circo, e não em lugares tristes. Gil Gomes lhes diz: boa-noite!".

Assim como o *show* de Eli Correia ajusta-se perfeitamente ao estilo característico de um circo de variedades, a participação de Gil Gomes aproxima-se do melodrama: explora a mesma temática e emprega recursos retóricos semelhantes aos utilizados na dramaturgia circense. Naquele, o ambiente é de alegria, otimismo; neste, os assuntos são sérios e o clima é construído com apelos aos mesmos valores presentes nas peças melodramáticas. Tanto num caso como em outro é possível observar, ademais, idêntico cuidado em buscar a participação do público, seja por interpelações diretas, seja por referências ao bairro, à família, ao trabalho e às relações pessoais dos espectadores — exatamente como ocorre nos programas animados por esses locutores.

Em vez da tão falada influência desagregadora dos *media*, a conclusão a que se chega — ao menos no que se refere a este caso em particular — é que circo e determinados programas radiofônicos não apenas se complementam, como ainda obedecem aos mesmos princípios básicos, cada qual, evidentemente, dentro de suas características peculiares: os programas de rádio fazem parte da indústria cultural, enquanto o circo, conforme já foi dito, é uma "empresa" pobre, onde produtores e consumidores partilham não apenas o mesmo linguajar, mas também as mesmas condições de vida. A penetração de programas como os de Gil Gomes, Eli Correia, Zé Bétio, Hélio de Aguiar e outros reside em parte na manipulação de temas e emprego de uma retórica que encontram ressonância no público — como ocorre no circo. Os circenses, por sua vez, sabem como tirar proveito dos poderosos meios de comunicação de massas: em vez da concorrência, preferem a aliança.

* * *

Os resultados obtidos por observação direta e participação nas manifestações de entretenimento que constituem o lazer nos bairros da periferia contrastam, como se pôde perceber, com as monossilábicas respostas obtidas quando se tenta abordar o tema apenas por questionários, com suas perguntas à queima-roupa e fora de situação. A resistência em falar de questões supostamente irrelevantes, como os momentos de encontro e diversão, é substituída por múltiplos e expressivos códigos: as pessoas falam com o corpo, com a roupa, com as regras e formas de organização; e também com a palavra. Na verdade, essas são as falas que realmente interessam à pesquisa, e interessam porque são significativas para os que produzem e desfrutam tais modalidades de lazer.

Conforme foi assinalado anteriormente, uma das finalidades da análise cultural é detectar determinados padrões através da observação e registro dos comportamentos e do discurso dos agentes, considerados não como realidades que se opõem — uma operando por distorção, com respeito à outra — mas como realizações parciais de um sistema mais geral; seriam antes formas diferentes de expressão do mesmo universo simbólico, que só existe e se manifesta através da particularidade das situações concretas. Este foi o caminho que permitiu chegar à noção de "pedaço" e suas normas constitutivas, sem as quais não se poderia captar a estrutura e o significado mais amplo do lazer nos bairros da periferia. Este é também o contexto que deve ser levado em conta para entender, também, falas aparentemente fragmentárias e sem coerência ou objetivo: importa menos, na verdade, seu "conteúdo" — implícito, latente ou "profundo" — do que a possibilidade e o ato em si de falar, e os efeitos que produz.

A propósito, é elucidativo um fato ocorrido no "Circo Jóia", em Embu-Guaçu, distante seis quilômetros de Parelheiros, na Zona Sul da Grande São Paulo. O proprietário e palhaço do circo, Rebian, estava organizando um dos costumeiros concursos com o público. Tratava-se, desta vez, de desafio lançado aos assistentes, para que demonstrassem suas habilidades no "rola-rola"[19]. Após várias tentativas fracassadas de alguns afoitos — motivo de muita hilaridade — apresenta-se um candidato que, em vez de dirigir-se ao rudimentar aparelho, toma o microfone e põe-se a falar:

"Quero aproveitar a oportunidade para mandar um abraço em todo o pessoal lá do Jardim São Luis, meus colegas e parente, espero que esteje tudo bem, eu estou muito bem com esse pessoal maravilhoso aqui de Embu-Guaçu, muito obrigado por tudo, se Deus quiser vai dar tudo certo e desculpe alguma coisa...".

Quando termina de enviar a inesperada mensagem — ao contrário das vaias que a quebra de uma expectativa faria supor — é aplaudido; Rebian, então, aproveita a deixa[20] e começa uma "entrevista" com perguntas sobre a vila, sobre seu trabalho, sobre os colegas, como em qualquer programa de auditório. A julgar pelas palavras empregadas, pelo tom de voz e pela gesticulação, aquele homem não estava diante de um microfone cujo alcance se restringia aos limites do circo, mas diante de uma imaginária câmara de televisão ou microfone de rádio. A rigor, o clichê que constituía o "conteúdo" de sua fala dizia pouco ou nada; o fundamental, contudo, era falar, era sentir-se ouvido, reconhecido como alguém do Jardim São Luís, onde estavam parentes e colegas, para os quais sem dúvida era importante. Ao fazê-lo, evoca seu próprio "pedaço", exibe laços, mostra, enfim, identidade que é produto de sua rede de relações.

Assim, seja qual for a situação e o código empregado — visual, gestual ou outro qualquer — o certo é que nas mais variadas formas de entretenimento e cultura popular desfrutadas "em casa", "fora de casa mas em família", "fora de casa mas no pedaço", pode-se constatar o mesmo processo de produção e circulação de significados cujos efeitos são, de um lado, a constituição de um espaço concreto de relações e, de outro, o estabelecimento de passagens entre o "pedaço" e a sociedade mais ampla. Existe, portanto, entre as instituições e valores sociais dominantes e o plano do concreto vivido, um complexo sistema de mediações que processa, em ambos os sentidos, as múltiplas formas de intersecção entre o "nós, do pedaço" e o "eles" dos centros de poder da sociedade abrangente.

[19] Prancha cujo ponto de apoio é um rolo de madeira, sobre a quai se realizam diversos exercícios de equilibrismo.

[20] Esta habilidade de incorporar imediatamente as situações mais inesperadas é muito comum no decorrer das comédias e *sketches*, e no jargão circense é designada como "agarrar a bolinha".

CONCLUSÃO

DURANTE A PESQUISA DE CAMPO, quando era preciso localizar algum circo, o ponto de partida costumava ser o Largo do Paissandu, onde os circenses se reúnem todas as segundas-feiras. Ao abordar alguém, em busca de informação, recebia invariavelmente respostas como esta:

"O senhor quer saber onde está o circo? Ah, é muito fácil. Acabamos de estrear lá no Jardim Maria Helena, perto do São Judas Tadeu. O senhor pega a BR 116, vai até o quilômetro 21 e no Posto Tubarão, atrás do Pirajuçara, vira às direita. Anda um pouco, pega a avenida nova — aquela que tem uma fábrica logo ali, no começo — e vai ver a Padaria Jardim Roberto, que ali atrás já é o Jardim Roberto. Aí pergunta onde está o Circo Ítalo-Belga, que todo mundo conhece. Não tem erro, não."

É de imaginar as dificuldades que indicações deste teor podiam trazer para quem tinha pela frente o verdadeiro labirinto formado pelas quebradas, ruas sem nome — "Projetada n.º 1", "Rua B", etc. — e becos da periferia de São Paulo; como, porém, não havia outra alternativa, o jeito era tentar decifrá-las. Aos poucos fui me habituando com esse tipo de informações e comecei a perceber que não apenas funcionavam — sempre consegui achar o circo indicado — como ainda seguiam um determinado padrão: à medida que me afastava da zona central da cidade, por exemplo, os pontos de referência habituais (ruas, avenidas, praças) iam sendo substituídos por outros, mais concretos e particularizados, como o ponto final do ônibus, a padaria, o bar, o posto de gasolina; só mais tarde, entretanto, é que fui compreender a importância e significado destes elementos para a delimitação geográfica e social de determinados espaços.

Os tortuosos e inesperados caminhos que era preciso percorrer para chegar ao circo e ao "pedaço" — com sua lógica, muito diferente do traçado retilíneo e simétrico das teorias — terminaram deixando, de certa forma, algumas marcas no desenvolvimento deste trabalho. Cabe agora reconstituir outro percurso, aquele cujo objetivo era tentar compreender o significado das formas de entretenimento que preenchem o tempo livre nos bairros da periferia.

O pressuposto básico era que o lazer, tradicionalmente marginalizado como tema de pesquisa (afinal de contas, o "direito à preguiça" não é a reivindicação mais valorizada no movimento operário), podia, no entanto, ser tomado como ponto de partida para compreender alguns aspectos da vida cotidiana e da forma de pensar dos trabalhadores: mesmo ocupando um lugar secundário em sua rotina semanal, comandada pelas exigências do trabalho, o tempo livre não é uma questão totalmente desprovida de interesse. Observando com mais cuidado o que ocorre neste espaço — onde as possibilidades de criação e escolha são, com certeza, maiores que as existentes numa linha de montagem, por exemplo —, talvez fosse possível entender algumas atitudes e padrões de comportamento que escapam à maioria das análises baseadas exclusivamente na esfera da produção e na experiência do trabalho.

Situações à primeira vista destituídas de racionalidade, com efeito, não são nada incomuns, no nível das práticas cotidianas. E o que se pode constatar com base em alguns exemplos já referidos, como o contraste entre uma atuação política e o discurso explícito que parece desmenti-la, a procura tanto da medicina oficial como de agências de cura mágico-religiosas, a combinação de mecanismos contratuais com formas de prestação de serviços reguladas pelo princípio da reciprocidade, ou ainda o "ecumenismo popular", que permite o livre trânsito entre cultos e seitas doutrinária e ritualmente incompatíveis[1].

O mesmo acontece no terreno do lazer. Existe uma modalidade tradicional de diversão popular, o circo, em que tais contrastes são particularmente marcantes. Herdeiro de antigas tradições, este gênero de entretenimento sofreu uma série de influências externas que são visíveis nas formas sob as quais se apresenta hoje. Para os que encaram a cultura popular do ângulo de uma suposta autenticidade, essas transformações tiveram como conseqüência a descaracterização do espetáculo circense genuíno; outros vêem aí o papel desagregador da ideologia dominante, especialmente pelos meios de comunicação de massas.

Alheios a tais controvérsias e interpretações, no entanto, os moradores dos bairros da periferia de São Paulo continuam indo ao circo, seja para emocionar-se com o galã e a vítima, ou indignar-se com o vilão nos dramas, rir com o palhaço nas comé-

[1] Cf. Monteiro, Duglas Teixeira, in Valle & Queiroz, 1979, p. 81.

dias e chanchadas, ou ainda para ouvir duplas sertanejas e apreciar, ao vivo, artistas de rádio e até mesmo da televisão. E esta é, na verdade, a questão que realmente interessa: se apesar de tudo o circo segue despertando interesse é porque de algum modo fala uma linguagem que os espectadores entendem e oferece um espetáculo que é do seu agrado.

O problema que se apresentava, então, para a pesquisa era o de como proceder para estudar esse fenômeno. As análises habituais, semânticas ou de conteúdo — preocupadas em detectar o sentido "oculto" e o caráter "conservador" ou "progressista" de material discursivo — não pareciam ser a melhor alternativa para abordar os múltiplos códigos expressivos do espetáculo circense, entre outros motivos porque privilegiam um dos pólos, o do emissor, em detrimento das condições de recepção e também porque se limitam ao produto final, sem levar em conta seu processo de produção.

Para os objetivos do trabalho, contudo, analisar os dramas e comédias do circo era tão importante como observar seus vínculos, na rede de lazer, com outras formas de entretenimento, e as relações que estabelece com seu público característico. Fazia-se necessário, portanto, considerar os dois pólos do circuito, o da produção e o da recepção ou consumo.

Do lado da produção, o passo inicial era descrever a infra-estrutura do circo, sua organização interna, recursos técnicos e os tipos de espetáculo. A primeira conclusão a que se chegou é que o circo — diferentemente de outras modalidades culturais populares — é uma empresa, com divisão de trabalho, pesquisa de mercado, deslocando-se continuamente para oferecer um produto particular, o espetáculo. É, no entanto, um *show-business* de pobre: seus recursos técnicos e expressivos são limitados e os consumidores, na grande maioria, são pessoas de baixo poder aquisitivo; por outra parte, é uma empresa "colada" ao público, pois seus produtores — proprietários, artistas, funcionários — nas condições gerais de vida, não se distinguem dos espectadores, cujos gostos e preferências determinam o caráter do espetáculo.

Isto posto, colocou-se a necessidade de encontrar algum princípio de classificação para os espetáculos propriamente ditos, feitos à base de dramalhões do século passado, paródias de telenovelas, duplas sertanejas, cantores de "música jovem", apresentações de luta-livre, números de magia e malabarismo, concursos de dança, etc. Diante de tal mistura, a única coisa sobre a qual não havia dúvida era a sensação de estar, realmente, diante de um circo, no sentido usual do termo...

Não era o caso, entretanto, de abandonar esta impressão, mas de levar adiante a imagem de mosaico, calidoscópio ou "bricolagem", sugerida pelo espetáculo circense: de algum lugar tinham vindo esses elementos e, o que é mais importante, de um jeito ou outro estavam ali — díspares e ao mesmo tempo articulados entre si como os remendos do toldo de lona. Segundo Lévi-Strauss, o que caracteriza a bricolagem é a elaboração de conjuntos estruturados não diretamente com outros conjuntos estruturados, mas utilizando resíduos e fragmentos; o rigor que parece faltar aos materiais do *bricoleur* no momento de sua nova aplicação, eles o possuíram outrora, quando faziam parte de outros conjuntos coerentes e, o que é mais, possuem-no sempre, na medida em que não são materiais brutos, mas produtos já trabalhados. Nesse sentido, são "pré-constrangidos", isto é, mesmo no interior de um novo arranjo, conservam marcas determinadas pelo uso original para o qual foram concebidos ou pelas adaptações que sofreram, em vista de outros empregos (Lévi-Strauss, 1976).

Surgiu, então, a idéia de explorar algumas pistas encontradas nas apresentações circenses, não para fazer sua arqueologia mas para poder identificar melhor os princípios que hoje estruturam esta forma de diversão popular. Esse foi o motivo da incursão às origens do circo, à *Commedia dell'Arte*, ao melodrama: mais do que reconstituir a suposta linha evolutiva da qual o espetáculo circense atual seria uma espécie de sobrevivência, tratava-se de procurar saber quais os elementos responsáveis pela feição característica do circo, apesar de todos os acréscimos, perdas e mudanças a que esteve e está sujeito.

A análise das peças — dramas e comédias — permitiu, com efeito, identificar naqueles a retórica altissonante e os valores morais absolutos próprios da dramaturgia melodramática e, nestas, o espírito burlesco e a improvisação característicos da *Commedia dell'Arte*. O circo, contudo, tal como existe hoje, não se limita a repetir ou imitar este ou aquele gênero, porque não é nem uma nem outra coisa: o que faz é juntar, num mesmo espaço, e às vezes numa mesma representação, elementos sérios e cômicos, produzindo assim um novo discurso que tem a ver menos com o passado do que com o contexto no qual circula hoje.

Não se pode entender o circo sem este contexto — os bairros pobres da cidade onde periodicamente se instala levando teatro, música e festa. Ao contrário de certas formas de diversão — para as quais o público consumidor não é senão uma massa de indivíduos isolados ou repartidos nas arbitrárias e anônimas "classes" A, B ou C — o circo se caracteriza por estabelecer relações diretas e personalizadas com os espectadores. Isto significa que no curto espaço de tempo de sua permanência no bairro, o circo — da mesma maneira que aniversários, bailes, disputas de futebol de várzea, excursões, etc. — fica igualmente sujeito às regras do "pedaço". E, desse modo, completa-se o circuito: de um lado, o pólo da recepção e suas regras características determinam o próprio espetáculo circense, o qual, por sua vez, deve adaptar-se, para ser aceito, a exigências que valem para outras manifestações de lazer.

Este, porém, não é o único fator que explica o caráter verossímil do espetáculo do circo. Foi dito anteriormente que o filão melodramático, por exemplo — o apelo a valores e princípios éticos conservadores ligados à família, à religião, à autoridade — encontra ressonância no público porque de alguma maneira se coaduna com seu sistema de valores, suas vivências e sentimentos. Analisando, agora, outras formas de entretenimento, vê-se que o gosto por discursos sérios, gestos enfáticos e posturas solenes não é exclusivo do drama circense: está presente nos programas radiofônicos animados por Gil Gomes e Hélio de Aguiar, entre outros; nos torneios de futebol de várzea, por intermédio do pomposo documento da "liga" que os legitima, e das opiniões sobre o valor do esporte — "oferece desenvolvimento, conhecimento das pessoas, é enriquecimento para o país"; no cuidado em não omitir, nas festas de casamento, nenhum detalhe do que se considera ser o ritual completo da cerimônia, e assim por diante.

É verdade que este lado solene apresenta sempre uma contrapartida: enquanto "seu" Severino discorre sobre a importância do esporte para o desenvolvimento do país, os jogadores, na falta de lugar adequado, trocam de roupa atrás de cercas e moitas; na hora em que o sr. Henrique Cardoso vai entregar o minúsculo troféu ao ganhador do concurso de violeiros, o precário sistema de som desanda a chiar e quase não se ouve seu discurso sobre o valor da música sertaneja, "linda coisa para o sofrido povo brasileiro, porque ser sertanejo é ser brasileiro"; muitas vezes a recepção oferecida pelos noivos termina em briga, provocada, é claro, "por uns maloqueiros que ninguém conhece, aqui no pedaço" e a curta animação da "turma da farofa" tem seus limites fixados pelas exigências do trabalho.

O que caracteriza o circo é justamente a capacidade não só de transpor para o palco essas e outras peripécias do dia-a-dia dos espectadores, mas sobretudo de explicitar seus contrastes por meio da articulação "sério *vs.* cômico" que constitui seu princípio estruturante básico. Não é apenas a presença desta ou daquela crença ou fragmento do cotidiano o que explica o caráter verossímil do espetáculo do circo, mas a existência de uma lógica que articula — de "forma circense" — as contradições, incongruências e descompassos da vida diária, tais como a valorização da família e as dificuldades em mantê-la, o reconhecimento da autoridade e o temor da polícia, as esperanças postas na cidade e a desigual repartição de seus serviços, etc.

Conforme afirma Antônio Cândido (1970), não é a representação dos dados concretos particulares que produz, na ficção, o senso da realidade, mas sim a sugestão de uma certa generalidade que olha para os dois lados e dá consistência tanto aos dados particulares do real quanto os do mundo fictício. No romance *Memórias de um Sargento de Milícias,* o princípio válido de generalização — que organiza tanto os fatos particulares da sociedade joanina do Rio, como os fatos descritos na obra de Manuel Antônio de Almeida, dando-lhes inteligibilidade — é a "dialética da ordem e da desordem", dimensão comum onde ambos se encontram e que explica tanto uns como outros. No caso do circo, a articulação entre o que se representa no palco e os modos de pensar, agir e sentir do público se dá em torno do eixo "sério *versus* cômico" que mediante recursos retóricos próprios do gênero permite registrar, explicitar e caricaturar os contrastes que pontilham a vida cotidiana dos espectadores.

Não se trata, por conseguinte, de um mero reflexo da realidade; nada mais distante, com efeito, dos ideais de respeito filial, responsabilidade paterna, fidelidade conjugal e harmonia doméstica enfatizados pelos dramas circenses do que as freqüentes situações de violência no interior da família, os casos de paternidade desconhecida, abandono do lar, etc. Descompassos desse tipo entre o plano dos discursos "sérios" e o das situações concretas — matéria-prima das comédias, chanchadas, *gags* e *sketches* — podem ser observados também em contextos que extrapolam o terreno do lazer propriamente dito. É o que ocorre no já citado exemplo do dirigente de associação de bairro cujo julgamento moralista sobre política ("é coisa suja") não o impede de recorrer a seus métodos quando se trata de obter melhoramentos para a vila, ou no ilustrativo caso de uma mãe-de-santo cujo discurso não se afasta da doutrina e moral umbandistas, mas que, diante de uma situação concreta, assume outra atitude: dentre as inúmeras histórias de moças que apareciam na "Tenda de Umbanda Caboclo Trovejeiro" pedindo "trabalhos" para amarrar algum pretendente, conquistar o namorado da colega ou conseguir um noivo rico, Madrinha Teresa contava a de uma em particular, indecisa entre um homem casado e um senhor solteiro e de posses que queria casar-se com ela. A moça, porém, não gostava deste último e resolve fugir com o outro para Goiás. O romance dura pouco e a jovem regressa, hostilizada pela família e, agora, repudiada pelo pretendente rico. Madrinha Teresa observa:

"Ela não soube fazer as coisas direito. Devia era casar com o homem que podia dar o sustento; se gostava do outro, podia muito bem dar seus pulinho de vez em quando que todo mundo saía ganhando: ela, a família dela, o marido e o namorado."

Trata-se da mesma mãe-de-santo que, após haver identificado numa "pombagira" a causa dos problemas de outra cliente (perturbada, não cumpria mais suas obrigações de dona-de-casa, como lavar, passar, cozinhar, e tinha o estranho hábito de entrar seminua em bares para provocar os homens) passou o maior sermão no espírito por induzir a mulher a tomar atitudes que absolutamente não condiziam com sua situação de casada e mãe de quatro filhos. Madrinha Teresa, aliás, é muito severa — "no meu terreiro não tem essa de pomba-gira dizer besteira e ficar atentando homem" — advertência, contudo, que não impede seu próprio guia de dizer sonoros palavrões, quando incorpora.

O caso da mãe-de-santo cujo discurso "sério" — fundado em princípios religiosos — reforça valores familiares tradicionais, mas que diante de um caso particular assume atitude abertamente contraditória; os grandes temas dos dramas circenses em contraposição com as comédias que os viram pelo avesso; as falas de animadores de programas radiofônicos populares, os contrastes presentes em outras formas de entretenimento e demais situações da vida cotidiana — eis alguns exemplos que deixam antever, cada qual à sua maneira, a existência de uma estrutura cujos pólos são, de um lado, um discurso normativo genérico formado por valores éticos e proposições morais conservadores e, de outro, a multiplicidade dos comportamentos e soluções particulares.

Tentar analisar esta estrutura pelas dicotomias falso *vs.* verdadeiro ou real *vs.* ilusório pouco ajuda a esclarecer sua dinâmica; as solicitações e desafios do cotidiano são, indubitavelmente, na maioria das vezes, refratários às injunções do plano discursivo geral: não podem ser enfrentados apenas por referência a seus valores e normas. Abre-se, então, o espaço para uma série de arranjos conjunturais, de explicações *ad hoc,* que ora atualizam pedaços daquele discurso, ora os combinam com fragmentos de outras formações discursivas, resultando não raro em soluções que ferem ostensivamente os princípios gerais, que nem por isso perdem sua validade: mais do que um conjunto de orientações — falsas ou verdadeiras — destinadas a resolver problemas concretos, constituem a instância que permite pensá-los dentro de alguma ordem, oferecem critérios de classificação e representam o princípio integrador de acontecimentos que em sua incoerência se apresentam como insuportáveis[2].

Daí seu "conservadorismo", que entendido neste contexto talvez não seja senão a resposta a uma necessidade de segurança, de pontos de referência e de apego ao já conhecido diante da imprevisibilidade do dia-a-dia e que se expressa, entre outras formas, no clássico fecho do espetáculo circense, seja ele um respeitoso drama ou uma irreverente comédia: "E nesse momento, senhoras e senhores, termina nosso espetáculo. Até amanhã, se Deus quiser, pois graças a ele a vida continua!".

[2] À maneira do pensamento religioso, tal como o caracteriza Geertz: "A estranha opacidade de certos acontecimentos empíricos, a tola falta de sentido de uma dor intensa ou inexorável e a enigmática inexplicabilidade da flagrante iniqüidade, tudo isso levanta a suspeita inconfortável de que talvez o mundo, e portanto a vida do homem no mundo, não tenha de fato uma ordem genuína qualquer — nenhuma regularidade empírica, nenhuma forma emocional, nenhuma coerência moral. A resposta religiosa a essa suspeita é sempre a mesma: a formulação, por meio de símbolos, de uma imagem de tal ordem no mundo que dará conta e até celebrará as ambigüidades percebidas, os enigmas e os paradoxos da experiência humana. O esforço não é para negar o inegável — que existem acontecimentos inexplicados, que a vida machuca ou que a chuva cai sobre o injusto — mas para negar que existam acontecimentos inexplicáveis, que a vida é insuportável e que a justiça é uma miragem" (Geertz, C., 1978, p. 123).

APÊNDICE

DRAMAS

Coração de Luto (drama em quatro atos, baseado na canção de mesmo nome de Teixeirinha; resumo da representação)

1.º Ato: Casa pobre. Em cena, lavadeira e seu filho

A mãe viúva dá conselhos a seu filho Teixeirinha, que é muito travesso e vive brigando; este, porém, desculpa-se dizendo que só briga quando os outros a insultam. Entra Faustino Siqueira, fazendeiro, dono das terras e da casa onde mora a lavadeira, que está a seu serviço. Desacata a mulher, e acusa o filho de faltar ao respeito para com ele. Exalta-se, bate na lavadeira, quer expulsá-la da casa. Saem todos. Volta Faustino com Chico Biruta, empregado da fazenda, com um balde de querosene e uma tocha. O patrão manda-lhe atear fogo no casebre da lavadeira. Biruta nega-se dizendo que é pago para trabalhar, e não para matar:

"— Não tem medo de ser castigado por Deus?"

"— Não creio em Deus, sou ateu", diz o fazendeiro.

"— É mais bem à-toa..."

"— Eu sou Deus, eu tenho todo o poder do universo!".

Sai Faustino e põe fogo na casa (vêem-se labaredas atrás da cortina), Teixeirinha entra correndo, mas é impedido pelo patrão de salvar a mãe, que morre no incêndio.

2.º Ato: Fazenda de Faustino Siqueira

Teixeirinha está rezando em voz alta, quando ouve a voz da mãe dizendo que o protegerá. Pretende sair para colocar flores na sepultura, mas é impedido por Chico Biruta, encarregado pelo patrão de vigiá-lo. Tenta bater nele, mas acerta em Faustino, que está entrando. Sai Teixeirinha. Faustino diz ao empregado que não foi ele o responsável pela morte da lavadeira: houve um incêndio na mata que atingiu a casa. Biruta rejeita essa explicação, dizendo que ele é o assassino. E pergunta: — "Foi ou não foi?", dirigindo-se ao público que confirma a um só grito. Biruta diz então que vai escutar o relato do incêndio no programa do Gil Gomes.

Entra Teixeirinha afirmando ter conversado com a mãe morta, o que provoca medo em Faustino e Chico Biruta. Sai Faustino, e Biruta aconselha Teixeirinha a fugir; quando o patrão entra e pergunta pelo menino, Biruta conta que ele escapou. Faustino o acusa de ter facilitado a fuga e Biruta apela para o público: — "Deixei o Teixeirinha fugir?" — "Não!", é a resposta, em uníssono.

3.º Ato: Casa rica, quinze anos depois. Em cena mãe e filha

Entram Teixeirinha — moço, semblante abatido — e Wanda, a filha da dona da casa, que lhe pergunta o motivo pelo qual está sempre triste. Teixeirinha conta então sua história. Entra Faustino, arrogante, e pede para falar com a dona da casa; reconhece Teixeirinha. Faustino veio a negócios: a venda de um sítio que a mãe quer dar à filha. A senhora pergunta-lhe se conhece Teixeirinha, mas ele responde com evasivas. Saem todos, menos Faustino. Entra Jorge, empregado da fazenda, e cúmplice de Faustino, a quem deve entregar as chaves do galpão para que possa levar a cabo um roubo e acusar Teixeirinha. Faustino pretende ainda conquistar as graças de Wanda. — "Ela não resistirá à beleza do figurino"; "Sou bonito como o Waldick Soriano", etc., diz, dirigindo-se ao público que vaia. Jorge entrega-lhe as chaves, mediante pagamento. — "Teixeirinha será acusado de roubo e morrerá no fundo de um cárcere!"

4.º Ato: Mesma casa. Em cena Wanda e Teixeirinha

Teixeirinha traz a notícia do roubo no galpão; chama a polícia, mas é informado que os agentes já estão a caminho. Fica surpreso; entra Jorge e o acusa, por ser o único que possui as chaves do galpão, e não se trata de arrombamento. Teixeirinha pede ajuda à mãe: ouve-se sua voz prometendo socorrê-lo. Entram a senhora e Faustino que diz:

"— Mas como é possível que a senhora, tão boa, tenha sido vítima de um roubo!" (O público grita: "Foi você!").

"— Mas então o senhor o conhece", diz a senhora quando Faustino acusa Teixeirinha.

"— Eu o adotei quando ficou órfão, e o tratava bem" (público vaia); "ele fugiu da fazenda e dedicou-se à boemia."

"— Minha desgraça é maior, porque minha filha está gostando dele."

"— Ela tem que gostar de mim, que sou mais bonito" (público vaia).

Entra Teixeirinha e acusa Faustino de carrasco (público vibra). Então a senhora pede-lhe para explicar o roubo, já que não há sinais de arrombamento. Saem todos. Wanda e Teixeirinha abraçam-se e são surpreendidos pela mãe e Faustino. Entra a polícia para prender o verdadeiro culpado: Faustino (público vibra). Faustino diz que quer provas, então entra um empregado trazendo Jorge, que não é senão "Mão-de-Veludo", ladrão foragido. Teixeirinha agora acusa Faustino de assassino de sua mãe. Quando Faustino diz que quer provas, entra Chico Biruta (sob aplausos) e confirma. O delegado dá licença a Chico Biruta para bater em Faustino. Público: — "Pode bater!" Pancadas, tombos. — "Muiezinha!", grita o público junto com Biruta, que o obriga a "rebolar". Presos Faustino e Jorge, Teixeirinha pede demissão, mas a senhora o perdoa, e oferece-lhe a mão de sua filha (público aplaude). A senhora pergunta-lhe o motivo da permanente tristeza. Conversam Teixeirinha e Wanda, a meia luz. Toca a música *Coração de Luto,* que o público acompanha ritmicamente. Teixeirinha conta outra vez sua história. *Apoteose final:* aparece a mãe morta, Teixeirinha ajoelha-se. *(Pano)*

O Homem de Nazaré (drama em três atos, resumo da representação)

1.º Ato: Casa pobre, mesa, cadeiras

Em cena marido e mulher. Ele, operário, foi despedido pelo patrão, e está procurando emprego, sem êxito. Tem uma filha paralítica, e estão passando necessidades. O marido está revoltado contra sua sorte.

2.º Ato: Cena em um bar

Entra Dr. Álvaro, o patrão, e pede cachaça para o dono do bar. Entra Joana, alcoviteira, a quem Dr. Álvaro pede notícias de Rosa (esposa do operário despedido). Oferece-lhe dinheiro em troca de sua ajuda para encontrar-se com Rosa. Saem Dr.

Álvaro e Joana, entrando o operário, abatido, que conta sua situação, lamentando-se por estar desempregado, apesar de ser honesto, e por não poder dar melhor assistência à sua filha paralítica.

3.º Ato: Cena na casa pobre, Rosa e a filha

Entra o marido, desanimado depois de mais uma inútil tentativa de encontrar serviço. A filha diz que está com fome; o pai revolta-se: está disposto a roubar para acabar com as dificuldades pelas quais passam. A mulher aconselha-o a levar sua cruz sem revolta, e pede a Deus que ajude a seu marido.

Sai o marido e entra Joana, com o recado do Dr. Álvaro para Rosa: se ela aceitar suas propostas, receberá carro, peles, jóias, televisão em cores. Rosa, indignada, expulsa-a de casa; Joana retruca dizendo que trair o marido é uma coisa natural e que mais tarde volta para saber a resposta. Sai.

Entra Dr. Álvaro, tira um enorme pente e espelho do bolso, compõe a roupa, perfuma-se e provoca o público. Tenta seduzir Rosa, e diz-lhe que vê-la tão triste corta-lhe o coração. Rosa resiste firmemente (público aplaude). Diante da acusação de Rosa, de ter sido o responsável pela miséria da família, diz que foi o próprio marido dela quem pediu a conta, chegando inclusive a ameaçá-lo. — "Quanto mais brava você fica, mais eu gosto!", diz, tentando sujeitá-la à força. Rosa resiste (é aplaudida) e avança sobre ele com uma cadeira.

Sai Dr. Álvaro e entra Joana, censurando Rosa, fazendo-a ver a miséria em que estão: não possuem nada, não têm mais nem feijão. — "Orgulhosa!" Entra o marido e expulsa a alcoviteira. Desconfia de Rosa, por causa da presença de Joana em casa. Rosa conta-lhe então o assédio do Dr. Álvaro, e o marido pede desculpas por ter duvidado dela.

Cena da filha, pedindo comida (música forte); o pai, desesperado, resolve sair para roubar. Rosa reza; ao fundo, lentamente passam Nossa Senhora e também Jesus Cristo, carregando uma cruz, enquanto se ouve uma voz: — "Esta é a história do maior dos Reis; suas armas foram a fé, o amor, a caridade; nasceu numa época de grandes sofrimentos".

Entra o marido, carregado de pacotes:

"— Você é um ladrão!", grita-lhe a mulher, "que dirão seus amigos?"

"— Que amigos? Não os tenho. O único amigo do homem é o dinheiro."

"— Você não tem medo de Deus?"

"— Que Deus? Se ele existisse, não haveria miséria no mundo."

O marido dirige-se para o oratório, com intenção de quebrá-lo, quando se ouve uma explosão, e voltam a aparecer Jesus Cristo e Nossa Senhora, fazendo a menina paralítica caminhar. Rosa e o marido jazem prostrados no chão. Levantam-se e o marido pergunta à filha quem fez o milagre, e ela responde que foi Jesus. — "Jesus, perdão para o pecador que não sabe o que diz!", exclama o marido. "E assim termina a história de Jesus na casa do pobre", volta a repetir a voz. *(Pano)*

A Maldição do Lobisomem (drama de terror, em três atos; resumo da representação)

1.º Ato: Casa simples. Em cena Espigão (o palhaço) e Armando

Entra Espigão dizendo ter visto um monstro, que certamente é um lobisomem. Armando não leva a sério o susto de Espigão, dizendo não ter medo, pois com certeza os uivos que diz ter ouvido são de algum lobo, o que está assustando os camponeses. Ouvem-se uivos, a platéia irrompe em gritos. (Continua o barulho na platéia; interrompe-se a representação e pede-se "silêncio para que os atores possam continuar, pois são pagos para trabalhar".)

Entra Paulo, e confirma que os uivos são mesmo de lobisomem. — "É preciso avisar as autoridades, pois morreu um chefe de família nas mãos do monstro." As luzes começam a piscar, aparece o lobisomem muito rapidamente, e Paulo sai correndo atrás. Ouvem-se disparos e Paulo volta, ferido. Diz que matou o lobisomem; no entanto pelo fato de ter sido ferido por ele, sofrerá a maldição do lobisomem, pois, segundo a lenda, "Todo aquele sobre quem recair o sangue do monstro, ou por ele for ferido, nas noites de lua-cheia se transforma em lobisomem". Entra Espigão, assustado pelo barulho, e Paulo conta-lhe que matou o monstro e que "os camponeses estão queimando o corpo para afastar os males". Sai Espigão, ainda assustado porque Paulo lhe disse que há outro lobisomem, e Paulo exclama: — "Ele não sabe que o outro sou eu! Mas creio em Deus, que não há de permitir que sobre mim recaia a maldição do Lobisomem!".

2.º Ato: Mesmo cenário. Espigão e Paulo

Paulo, transtornado, pede a Espigão que vá comprar-lhe algum calmante. É noite de lua-cheia, e Espigão está com medo. Piscam as luzes, Paulo se transforma em lobisomem e Espigão foge. Entra a noiva de Paulo, é atacada, mas o lobisomem recua quando ela mostra a cruzinha que tem no pescoço. Entra Espigão, e ao saber que a cruz protege, volta com duas cruzes de madeira. "Olha a cruz!", diz, a toda hora.

Chega o inspetor, acompanhado de dois soldados. Espigão aparece agora com quatro cruzes enormes. Aparece Paulo, e a noiva pergunta-lhe o que tem, pois está muito estranho. Paulo esquiva-se e foge para o mato.

3.º Ato: Praça, bancos, senhora com criança

As luzes piscam, entra o lobisomem e rouba-lhe a criança dos braços. A seus gritos, acodem todos; Espigão com uma cruz maior ainda. Saem todos menos Espigão e a noiva de Paulo a quem o palhaço ensina uma simpatia para afastar o monstro: quando este aparecer, a moça deve correr a abraçar-se a ele, Espigão, que provoca várias vezes essa situação, simulando a entrada do lobisomem. Este último entra sorrateiramente, a moça foge e Espigão termina abraçado com ele. Gritos, aparecem todos.

Há uma notícia de que o médico foi estraçalhado, e fica em cena apenas um soldado para vigiar. Entra o lobisomem e o mata. Espigão fica encarregado de levar o morto para fora, e o faz utilizando suas cruzes como escora.

Entra Paulo com a criança morta nos braços. O inspetor desconfia dele, perguntando-lhe qual a origem do ferimento que apresenta no braço. Saem todos, reaparece o lobisomem e, na tentativa de matar a moça, fere-lhe o braço. Quando Paulo volta a si e sabe que sua noiva foi ferida, brada a Satanás pedindo que o transforme outra vez para matar a noiva, a fim de livrá-la da maldição. Transforma-se mais uma vez, mata-a, mas por sua vez é abatido pelo inspetor; aparece Paulo ensangüentado (o público diz que o "sangue" é groselha...). O inspetor explica então que Paulo era o outro lobisomem, tendo assassinado sua noiva por amor, para livrá-la da maldição do lobisomem. *(Pano).*

Mão Criminosa (drama em três atos e uma apoteose, de João Salvador Peres — "Tonico" e Ado Benatti: resumo da representação)

1.º Ato: Fazenda do Coronel Gaudêncio

Em cena um aleijado (não tem uma mão) rezando aos pés de um altar; música religiosa, penumbra; o homem chama pela mãe. Entram o Coronel Gaudêncio e um escritor que anda em busca de casos verídicos para escrever um romance. O Coronel começa a contar-lhe a tragédia ocorrida na fazenda: após a morte do marido, sua irmã Barbina veio morar em sua propriedade com os filhos Tonico, Tinoco e Zeca. Saem todos, e começa a ação.

2.º Ato: Fazenda do Coronel Gaudêncio

Barbina está rezando para que seu filho Tinoco — que foi embora desgostoso, pois o irmão Zeca "fez mal" à sua namorada Santinha — volte para casa. Entra Zefa com um recado para o coronel: Zeca foi preso, novamente, por embriaguez. Barbina pede ao irmão para ir tirá-lo da cadeia: — "Ele é realmente mau, mas é meu filho...". Carruíra, o empregado, "consola" Barbina: — "Não fique triste que nós, as mãe, nascemo pra sofrê...". Barbina faz uma promessa a Nossa Senhora Aparecida: se Tonico voltar, haverá uma festa em homenagem à santa, cujos pés seu filho deverá beijar. Entra Tonico com um amigo de São Paulo, Mauro, que é contador. Abraça a mãe e quando esta sai, ajoelha-se diante do oratório e faz uma prece. Sai. Entra Santinha e logo depois Zeca, que tenta agarrá-la à força. Aparece Tinoco para defender a ex-namorada e diz que não bate em Zeca porque é seu irmão e isto poderia trazer desgostos à mãe. — "Não tem coragem de me bater? Tem medo... Pois agora quem vai matar sou eu! Pra mim não tem esse negócio de irmão, nem de mãe, não acredito nessas besteira de padroeira nem nesse tal de Deus...!" Entram o coronel e Mauro, expulsam Zeca e saem. Entra Santinha e se reconcilia com Tinoco. Mauro volta e é apresentado a Santinha e Carruíra, que fica vigiando este último enquanto Tinoco sai para convidar o pai de Santinha para uma festa. Mauro livra-se do empregado e declara seu amor pela moça, que o rejeita pois ama outro homem, Tinoco. Ao saber que o rival é seu melhor amigo, resolve ir embora.

(Neste ponto interrompe-se a ação para um *show* de música sertaneja.)

3.º Ato: Fazenda do Coronel Gaudêncio

Zeca entra, bêbado e revoltado porque acha que ninguém gosta dele; ameaça acabar com a festa e repele violentamente a sugestão da mãe para ajoelhar-se e rezar. Exalta-se cada vez mais e dirige-se ao oratório para quebrar a imagem. A mãe tenta impedi-lo mas é empurrada e agredida pelo filho e cai morta. Quando Zeca, fora de si, volta-se para destruir a imagem da santa, ouve-se um estrondo; transtornado, vê a mãe caída, inerte. — "Foste tu, mão criminosa, a culpada...!" Enlouquecido, apunhala a própria mão (é suco de tomate!, grita o público diante do "sangue") — e finalmente a decepa com uma machadinha. Volta, então, a cena inicial com o escritor, o Coronel e Zeca, louco, chamando pela mãe. — "Muito obrigado", diz o escritor, "já é suficiente para escrever o romance e todos hão de compreender o fundo moral desta tremenda história, das mais emocionantes que se podem dar sobre a terra. Este é o principal exemplo da história verdadeira. O seu remorso servirá de justiça. Ele irá morrendo aos poucos, para que todos fiquem sabendo que tudo que se faz na terra aqui mesmo se pagará."

Apoteose final: aparece a mãe e perdoa o filho arrependido. *(Pano)*

COMÉDIAS

O Conde Drácula (comédia de terror em três atos)

1.º Ato: Castelo do Conde Drácula: um ataúde, caveiras e morcegos pendurados nas paredes

Abre-se lentamente a tampa do ataúde, aparece uma mão, depois outra. Finalmente sai o Conde Drácula, de terno preto, capa preta forrada de vermelho, e investe ameaçadoramente contra o público. Quer o sangue de duas moças, mas como está sendo procurado pela polícia, resolve hipnotizar um monstro que anda aterrorizando a região para que lhe traga suas vítimas. Aparece o monstro, disforme e corcunda, pelo meio do circo, assustando a platéia.

2.º Ato: Casa da região. Em cena, mãe e filha

Estão preocupadas com a demora de uma filha e seu noivo, pois corre um boato de que um monstro anda perseguindo as famílias da aldeia. Entra o xerife, Chico Biruta, com um martelo e um pedaço de pau, para dar cabo do Drácula. Entra outra pessoa, confirmando a notícia das andanças do monstro. Finalmente aparecem o noivo e a moça, que acalmam a mãe, dizendo que haviam estado no cinema. Saem todos, menos uma moça. Surge o monstro e a rapta. Entra a outra moça, o monstro repete a operação, mas é presenciado por Chico Biruta. Saem ele e o noivo no encalço do monstro, que se dirigiu para o castelo do Conde Drácula.

3.º Ato: Castelo do Conde Drácula. As duas moças, desacordadas, estão deitadas num catre

O Conde Drácula faz sua entrada através do circo, provocando correrias e gritos na platéia. Hipnotiza as vítimas para beber-lhes o sangue, mas como começa a amanhecer, volta para seu repouso no caixão. Nesse ínterim, aparecem Chico Biruta e o noivo brandindo uma cruz de madeira. Vencem o monstro que estava de guarda, e desatam as moças. Aparece o Conde, mas recebe uma estocada com a cruz no coração; mesmo assim, sai do caixão e luta com os dois. É subjugado por Chico Biruta, que tira a botina e a aplica como narcótico, no nariz do Conde. Vencedores, decidem que o prêmio será um beijo das moças. Contam até três, com a platéia, apagam-se as luzes, e quando são reacendidas, aparecem Biruta e o noivo, um abraçado com o monstro e o outro, com o Conde Drácula; Biruta pede licença à platéia para beijar na boca e, quando se dispõe a fazê-lo, percebe quem é seu par. *(Pano)*

Chico Biruta, Mãe de Família (chanchada em um ato)

Ato único: Casa simples

Discussão entre pai e filha: ele não aprova o namoro da filha com Arlindo, valentão que não quer saber de trabalhar. A vontade do pai é que a moça se case com "seu" Manoel Lingüiceiro, português trabalhador e rico. Ela, porém, não quer saber de nada com este último, que é velho; está apaixonada por Arlindo. — "Mas quem manda aqui sou eu, e você tem que me obedecer!", diz o pai, saindo. Entra Arlindo, armado com dois revólveres, lançando impropérios, gritando com a namorada, com o pai, com o público. Sai com a namorada, entra Chico Biruta, com um jornal na mão, dizendo que veio candidatar-se ao emprego anunciado: o pai da moça pôs um aviso pedindo um valente, para bater em Arlindo. Atende a empregada da casa, que Biruta reconhece ser sua esposa, e que nunca mais viu, desde o dia do casamento. — "Na saída da igreja, ela foi por ali, e eu por aqui." A empregada adverte-o que o patrão não pode saber que são marido e mulher, pois não admite casados entre seus empregados. Sai, e entra o pai, que quer saber o que Biruta está fazendo ali, pergunta que Biruta faz a ele também. Finalmente se entendem, mas o patrão não acredita que ele seja um valente. Propõe um teste: ele próprio vai fazer as vezes de Arlindo, repetindo a frase que este costuma dizer quando entra: — "Vai chamar o seu sogro!". Quando Biruta escutar essa frase, deve bater nele. O velho começa o teste, mas só na terceira vez Biruta entende que deve bater nele, sendo aprovado. Sai o patrão.

Entra o Manoel Lingüiceiro e diz: — "Vai chamar o meu sogro!" — "É esse!", diz Biruta, e o público grita que não. Manoel apanha, até aparecer o patrão e desfazer o equívoco. Entra Arlindo, profere a frase, e quando Biruta apronta-se para surrá-lo, Arlindo saca os dois revólveres e o intimida. Os revólveres passam várias vezes das mãos de um para as do outro, até que Arlindo propõe um duelo, com as pistolas (jogo de palavras com "pistola"). O duelo não se concretiza, e quando um se apossa das duas armas, faz o outro "rebolar" de frente e de costas para o público.

Sai Arlindo, entram o patrão e Manoel, e Chico afirma ter afugentado Arlindo, só que este prometeu retornar. O patrão, com medo, propõe a Chico, mediante vultosa soma de dinheiro, que se vista como mulher, para simular que é esposa de Arlindo, diante do que sua filha desistiria do namoro.

Chico Biruta sai e volta grotescamente disfarçado de mulher, com peruca, balões sob a roupa, etc. Arlindo, quando entra, surpreende-se com a suposta esposa, mas faz todo mundo sair e fica com a "mulher", dança com ela e quando cai a peruca, descobre a farsa. Faz todo o mundo voltar e pergunta quem é o responsável: o patrão e Manoel acusam-se mutuamente. Quando o patrão descobre que Biruta é casado com a empregada, expulsa-os de casa. Arlindo obriga-os a retornar, porque é ele quem manda, agora. Expulsos de casa, o patrão faz uma insinuação a Manoel: — "Por que não ficamos juntos?". *(Pano)*

O Defunto Fresco (chanchada em um ato)

Ato único: Casa simples

Entra o dono da casa, bêbado, amparado por um amigo igualmente alcoolizado. O amigo deita-o na cama e sai. Entra o empregado, vê o patrão imóvel, e acha que está morto. Chama, então, a esposa do patrão, abraçam-se dizendo que agora podem casar-se, e gastar toda a fortuna do trouxa do marido. O empregado chama Chico Biruta e pede-lhe para comprovar se o patrão está realmente morto. Biruta ausculta-lhe o pé, o relógio, e outras partes do corpo menos o pulso. Aparece um homossexual dizendo que é médico, mas é expulso da casa. — "Mandaram uma parteira, e não o médico", diz Biruta. Biruta traz um copo de água benta, alecrim, e uma vela acesa, que é colocada na cabeça do defunto, e não na cabeceira, como mandara o ex-empregado. Biruta telefona para uma empresa funerária, mas a ligação cai, sucessivamente, numa maternidade e num instituto de beleza. Por fim atende uma voz tenebrosa que assusta a todos — a voz sai pelos alto-falantes — e Biruta dá o endereço: Rua Húngara, Vila Ipojuca (onde o circo está instalado). Saem o empregado e a mulher para comprar bebidas para o velório, e Biruta fica tomando conta do defundo. Tenta roubar-lhe os sapatos, o relógio, mas o defunto fala, muda de posição, etc., assustando-o. Cada vez que o empregado acode ao chamado de Biruta, assustado, o "morto" volta ao estado anterior. Finalmente o empregado resolve tomar conta do defunto, depois do último incidente com Biruta: o defunto colocara a vela acesa debaixo de Biruta, queimando-o.

Três personagens estranhos irrompem no circo, atravessando a parte central das cadeiras, assustando a platéia: um corcunda, outro vestido de preto e com o rosto maquiado de branco, e um terceiro fantasiado de morte, com máscara. À pergunta "quem são vocês", respondem — "Somos o conjunto 'Secos & Molhados'". Tiram as medidas do defunto — comprimento e largura do nariz, boca, barriga... pé, joelho. Propõem três tipos de enterro que a funerária por eles representada oferece: de primeira qualidade — carruagem de ouro, orquestra do Teatro Municipal, cavalos adornados de ouro, uma TV em cores para o defunto assistir *Pai Herói;* preço: 100 milhões (o defunto fala dizendo que não quer). De segunda qualidade: caixão e carruagem de prata, dez viúvas chorando, conjunto "Joelho de Porco" *(punk)* tocando a marcha fúnebre, uma TV em branco e preto para assistir *Feijão Maravilha;* preço: 50 milhões, e o morto volta a recusar. De terceira qualidade: um caixão de cebola, e um radinho a pilha para o defunto escutar o programa do Zé Bétio; mil cruzeiros, o defunto torna a falar, desta vez mais alto, assustando a todos: os três personagens saem correndo pelo circo e Biruta diz que podem agarrar uma garota. Pânico na platéia.

Entram os amigos para o velório. Choram ou param de chorar conforme as ordens de Biruta. Saem todos para beber, e o defunto levanta dizendo que vai pregar uma lição no empregado e sua mulher não apenas por sua intenção de pretender gastar seu dinheiro, pensando que ele havia morrido, como também pela traição. Biruta entra e surpreende o "morto" falando e chama o empregado. Quando este chega, o morto está imóvel em seu lugar. Resolve ficar cuidando do defunto sentado ao lado da mulher. O morto levanta-se sem ruído, assusta a mulher, e toma seu lugar ao lado do empregado. O empregado volta-se para beijar a mulher e depara com o defunto, e sai correndo. Biruta entra com os convidados, os três personagens da funerária transformados em conjunto musical, e organiza-se um baile. O "defunto" tira cada um dos presentes para dançar, que fogem espavoridos quando descobrem quem é seu par. *(Pano)*

Chico Biruta, o Barbeiro de Vila Ipojuca (chanchada em um ato)

Ato único: Consultório médico

Entra um empregado dizendo que saiu do Circo Bandeirantes para trabalhar no consultório de um médico. O patrão viajou, ordenando-lhe que só recebesse quem viesse pagar; os cobradores, pelo contrário, deveriam ser colocados para fora. Cada vez que repete para si mesmo, essas ordens, Chico Biruta, que o escuta, entra ou sai, conforme a frase. Biruta identifica-se, então, como um velho amigo de infância e vem pedir-lhe auxílio, pois faz três dias que não come ("ontem, hoje e amanhã"). O empregado propõe que Biruta se vista de médico, atenda as consultas e divida com ele o dinheiro.

1.º paciente: Moça de minissaia, que não pára de rebolar; só pára quando deita. Remédio: uma dúzia de parafusos, porcas e arruelas, arame farpado para tomar em jejum, pois está com o motor e a carroceria soltos.

2.º paciente: Moço que no meio de cada frase diz "puff". Remédio: batata-doce, duas coca-colas sem gelo, e dançar *discothèque*. — "Vai ver onde vai parar o seu "puff", diz o "médico".

3.º paciente: Uma moça e um velho. Problema: faz cinco anos que ela é casada e até hoje não deu à luz. — "Por que não procura a Light?" Quando sabe que o velho é seu marido, Biruta dá o remédio a ele: chá de ipê-roxo, três litros de jurubeba; três sacos de amendoim torrado e principalmente promessa para todos os santos. Pergunta se tomou algum remédio. A mulher diz que ele tomou Doril. — "Então, alguma coisa caiu...", conclui Biruta.

4.º paciente: Moço com dor de dentes. Biruta sai para buscar a anestesia e os instrumentos (picareta, pá, alicate). Aplica a injeção por engano no empregado e anestesia o paciente com a sua botina. Arranca-lhe um enorme dente com o alicate.

5.º paciente: Moça que sente uma terrível dor quando está dançando, e a dor só passa quando alguém beija o lugar dolorido. Dança alternadamente com o empregado e Biruta. Na vez do empregado, os lugares onde dói são a boca, a testa. Na vez de Chico Biruta, é o pé, a axila.

6.º paciente: Um maluco que entra no palco pelo meio do circo, tocando pratos, e armado com uma faca. Diz que o empregado é seu pai, e que Biruta é sua mãe. Faz a mãe montar a cavalo no pai e vice-versa.

7.º paciente: Um homossexual, que diz ter ficado assim quando um dia foi passear na Praça da República e deram-lhe uma rosa para cheirar. O empregado cheira a rosa e se transforma, mudando de comportamento, provocando reações na platéia. O paciente e o empregado tentam agarrar Chico Biruta, que acerta uma bofetada no empregado, fazendo-o voltar ao estado anterior.

Entram todos os pacientes, acometidos pelos mesmos sintomas e pedindo o dinheiro de volta. Surge o maluco e expulsa todo mundo. *(Pano)*

SKETCHES E ENTRADAS CÔMICAS

A Pensão de dona Estela

Abre-se o pano com dona Estela em cena, reclamando do trabalho que lhe dá a pensão: está cansada e pretende dormir, pois é tarde e ademais não pode receber nenhum hóspede, já que todos os quartos estão ocupados. Aparece um viajante pedindo para pernoitar, e diante da negativa da proprietária, insiste para que ela arranje um lugar qualquer: está disposto até a pagar mais. A única alternativa seria dormir na mesma cama que ela, solução que o viajante acha ótima, e pela qual paga sem pestanejar os Cr$500,00 pedidos. Logo que entra a fim de tomar um banho e ingerir, conforme anuncia, várias batidas de jurubeba, licor com ovo, amendoins, etc., aparece outro pretendende (o palhaço Vai-Vai). Recusa da dona da pensão, insistência do recém-chegado, e finalmente terminam fazendo um acordo semelhante ao caso anterior: dormir na cama da dona da casa, idéia que o palhaço recebe com satisfação. Enquanto entra para o banho e para fortalecer-se com as batidas, amendoins, etc., volta o primeiro e deita, esperando que a mulher faça o mesmo. Entra o palhaço, deita-se a seu lado, e ambos pensam que quem compartilha a cama é dona Estela. Pouco a pouco, começam os tateios, as apalpadelas, até que descobrem a identidade do parceiro; levantam e saem correndo. *(Pano)*

O Assalto

Em cena o palhaço ("Gostosinho") e o *clown* (Rosângela). Esta reclama do custo de vida, que o salário não dá, etc., e convida Gostosinho para assaltar as pessoas, pois hoje é dia dez, e a féria promete. Ela fica no palco, com uma faca, e Gostosinho atrás do pano. Surge uma transeunte, do meio do circo, e quando entra no palco é despojada da carteira; corre para trás do palco, e depois de alguns gritos e pancadas, surge Gostosinho. Rosângela mostra o produto de seu roubo: dinheiro. Gostosinho, no entanto, diz que tinha conseguido algo mais valioso que dinheiro, jóias, etc., e mostra seu troféu: um sutiã. É recriminado por Rosângela, e repete-se a cena: Rosângela consegue uma bolsa, e Gostosinho, um pé de sapato. O terceiro assalto não se concretiza, pois o transeunte foge; e no último Rosângela não consegue nada, mas Gostosinho aparece triunfante... com uma calcinha na mão... A assaltada entra correndo, em perseguição ao palhaço. (*Pano*)

A Pensão do Sossego

Entra o palhaço ("Cumprido") pedindo ao dono da pensão uma cama. Este o adverte que só admite pessoas sérias que não façam barulho, pois esta é a pensão do sossego. O palhaço tranqüiliza-o, dizendo que é "de maior", vacinado, solteiro, mas não quer o quarto número vinte e quatro, prefere o vinte e três. Entra, e o dono fica à espera de mais fregueses. Aparece uma mulher aos gritos, perguntando por um senhor magro, alto, de roupa listada: é seu marido, e deixou-a sozinha, com cinco filhos. O dono desespera-se, tenta dissuadir, pede-lhe silêncio, mas concorda em dizer o número do quarto; a mulher entra. E, assim, sucessivamente, mais três mulheres, com quem o palhaço teria, respectivamente, 7, 15 e 25 filhos. Entram todas, confusão no quarto, e voltam os cinco para resolver a questão. O palhaço propõe ficar na segunda e terça-feira com a primeira mulher; quarta-feira com a segunda; quinta e sexta-feira, com a terceira, e sábado com a quarta. — "E no domingo?" — pergunta alguém, nas gerais. — "Estou desocupado, posso ficar com você", reponde o palhaço. (*Pano*)

A Corrida da Égua

O organizador da corrida, na qual irá atuar uma égua famosa, está à espera dos espectadores. Entra o palhaço e o *clown,* e tentam passar sem pagar. São barrados pelo organizador; a tentativa repete-se várias vezes. Aparece, então, uma moça, que vai entrando sem pagar. Interpelada pelo organizador, retruca com um — "Você sabe com quem está falando? Eu sou a noiva do prefeito". E entra. O palhaço tenta usar o mesmo expediente, dizendo ser sucessivamente a amante, a "Geni", a avó do prefeito. Enquanto isso entram sem pagar outras pessoas, uma que diz ser a esposa do prefeito, outra que é repórter, um rapaz que é filho do prefeito. O *clown,* então, faz-se passar pelo jóquei do animal, e é bem-sucedido: entra. Ficou o palhaço, que finalmente põe-se de quatro e entra dizendo: — "Eu sou a égua!". (*Pano*).

Entrada cômica: a viagem pelo Brasil

O *clown* conta ao palhaço que esteve viajando pelo Brasil, e conheceu muitos lugares interessantes. O palhaço diz que também vai viajar, mas o *clown* retruca que ele não consegue, pois não é inteligente. O palhaço diz que é mais inteligente que o *clown* e fazem uma aposta. A cada cidade que o *clown* disser, o palhaço tem de repetir o contrário:

"— Eu passei por São Paulo".

"— Ao contrário!"

O *clown* explica que não é assim, mas de trás para a frente.

"— Eu passei por São Paulo".

"— De trás pra frente!"

Nova explicação, e então começa uma longa série de duplos sentidos:

"— Eu passei por São Paulo.

"— Eu passei o Paulo no são!"

"— Eu passei por Ponta Grossa."

"— Eu passei a grossa na ponta!" E assim, até o clown falar que passou por Cubatão; o palhaço, no entanto, contém-se a tempo. (*Pano*)

BIBLIOGRAFIA

Abraham, P. & Desné, R. *Histoire littéraire de la France.* Paris: Ed. Sociales, t. 4, 1.ª parte, 1972.

Adorno, Theodor W. A indústria cultural. In Cohn, G. (org.). *Comunicação e indústria cultural.* São Paulo: Nacional, 1977.

Althusser, Louis. Idéologie et appareils idéologiques d'État. *La Pensée,* Paris, n.º 151, 1970.

Arantes, Antônio A. O *trabalho e fala.* São Paulo: Kairós-Funcamp, 1982.

Barriguelli, José Cláudio. O teatro popular rural: o circo-teatro. *Debate e Crítica,* São Paulo, n.º 3, 1974.

Barthes; Roland et alii. *La semiología.* Buenos Aires: Tiempo Contemporáneo, 1970a.

———. *Análisis estructural del relato.* Buenos Aires: Tiempo Contemporáneo, 1970b.

———. *Lo verosímil.* Buenos Aires: Tiempo Contemporáneo, 1972.

Beaulieu, Henri. *Les théâtres du boulevard du crime: cabinets galants — cabarets — théâtres — cirques — bateleurs.* Paris: H. Daragon, 1905.

Benveniste, Émile. *Problèmes de linguistique générale.* Paris: Gallimard, 1966.

Bory, Jean Louis. Esthétique du roman-feuilleton. *Tou feu, tout flamme.* Paris: Julliard, n.º 2, 1966.

Brémond, Claude. El mensaje narrativo. In Barthes, R. et alii. *La semiología.* Buenos Aires: Tiempo Contemporáneo, 1970a.

———. La lógica de los posibles narrativos. In Barthes, R. et alii. *Análisis estructural del relato.* Buenos Aires: Tiempo Contemporáneo, 1970b.

Brooks, Peter. Une esthétique de l'étonnement: le mélodrame. *Poétique, revue de théorie et d'analyse littéraires.* Paris: Seuil, n.º 19, 1974.

Caldas, Waldenir. *Acorde na aurora: música sertaneja e indústria cultural.* São Paulo: Nacional, 1977.

Caldeira, Teresa. Para que serve o voto?: as eleições e o cotidiano na periferia de São Paulo. In Lamounier, B. (org.). *Voto de desconfiança.* Petrópolis: Vozes, 1980.

———. Uma incursão pelo lado não respeitável da pesquisa de campo. *Ciências Sociais Hoje*. Rio de Janeiro: CNPq-Anpocs, n.º 1, 1981.
Camargo, Candido et alli. *São Paulo 1975: crescimento e pobreza*. São Paulo: Loyola, 1976.
Cândido, Antônio. Dialética da malandragem. *Revista do Instituto de Estudos Brasileiros*. São Paulo, n.º 8, 1970.
Cardoso, Fernando H. et alii. Cultura e participação na cidade de São Paulo. *Cadernos Cebrap*, São Paulo: Brasiliense, n.º 14, 1975.
Cardoso, Ruth Corrêa L. Sociedade e poder: representação dos favelados de São Paulo. *Ensaios* de *Opinião*, São Paulo, n.º 6, 1978.
Castagnino, Raul. *El circo criollo: datos y documentos para su historia*. Buenos Aires: Plus Ultra, 1969.
Cedran, Lourdes et alii. *O circo*. São Paulo: Secretaria da Cultura e Tecnologia, Paço das Artes, 1978.
Cohen, Jean et alii. *Investigaciones retóricas 2*. Buenos Aires: Tiempo Contemporáneo, 1974.
Da Matta, Roberto. O ofício de etnólogo ou como ter Anthropological Blues. *Cadernos do Programa de Pós-Graduação em Antropologia Social*. Rio de Janeiro: Zahar, 1974.
———. *Carnavais, malandros e heróis*. Rio de Janeiro: Zahar, 1979.
Della Paschoa Júnior, P. Circo-teatro popular. In Cedran, Lourdes et alii. *O circo*. São Paulo: Secretaria da Cultura, Ciência e Tecnologia, Paço das Artes, 1979.
Ducrot, Oswald. *Dire et ne pas dire*. Paris: Hermann, 1972.
Dumazedier, Joffre. *Lazer e cultura popular*. São Paulo: Perspectiva, 1973.
Durham, Eunice R. *A caminho da cidade*. São Paulo: Perspectiva, 1973.
———. A família operária: consciência e ideologia. *Dados*, Rio de Janeiro: Campus, *23*(2), 1980a.
———. *Cultura e ideologia*. São Paulo: USP, mimeo, 1980b.
Folha de S.Paulo. 1976-1981, São Paulo.
Fonseca, Maria Augusta. *Palhaço da burguesia: Serafim Ponte Grande, de Oswald de Andrade e suas relações com o universo do circo*. São Paulo: Pólis, 1979.
Geertz, Clifford. *A interpretação das culturas*. Rio de Janeiro: Zahar, 1978.
Greimas, A. J. *Sémantique structurale*. Paris: Larousse, 1966.
Hauser, Arnold. *Historia social de la literatura y el arte*. Madri: Guadarrama, v. 3, 1969.
Hoggart, Richard. *The Uses of Literacy*. Londres: Penguin, 1971.
Jacobi, Pedro. Movimentos urbanos sociais no Brasil. *Boletim Informativo e Bibliográfico de Ciências Sociais*. Rio de Janeiro: Associação Nacional de Pós-Graduação e Pesquisa em Ciências Sociais, n.º 9, 1980.
Jakobson, R. *Essais de linguistique générale*. Paris: Minuit, 1972.
Kowarick, Lúcio. *Capitalismo e marginalidade na América Latina*. Rio de Janeiro: Paz e Terra, 1975.
Kristeva, Julia. La productividad llamada texto. In Barthes, R. et alii. *Lo verosímil*. Buenos Aires: Tiempo Contemporáneo, 1972.
Lafargue, Paul. *O direito à preguiça*. São Paulo: Kairós, 1980.
Lévi-Strauss, Claude. *Anthropologie structurale*. Paris: Plon, 1958.

———. La gesta de Asdiwal. In Burridge, K. O. et alii. *Estructuralismo, mito y totemismo.* Buenos Aires: Nueva Visión, 1968.
———. *O pensamento selvagem.* São Paulo: Nacional, 1976.
Magnani, José Guilherme C. *Los cuentos campesinos como productos ideológicos.* Dissertação (mestrado). Santiago: Flacso, 1972.
Malinowski, Bronislaw. *Argonautas do Pacífico Ocidental.* São Paulo: Abril, 1978.
Mannoni, Octave. *La outra scena: claves de lo imaginario.* Buenos Aires: Amorrortu, 1973.
Martins, José de Souza. *Capitalismo e tradicionalismo.* São Paulo: Pioneira, 1973.
Meyer, Marlyse. *Pireneus, caiçaras.* São Paulo: Imprensa Oficial do Estado, Comissão Estadual de Cultura, 1967.
———. O que é, ou quem foi Sinclair das Ilhas. *Revista do Instituto de Estudos Brasileiros,* São Paulo, n.º 14, 1973.
———. Um eterno retorno: as descobertas do Brasil. *Caderno do Centro de Estudos Rurais e Urbanos,* São Paulo, n.º 13, 1980.
Metz, Christian. El decir y lo dicho en el cine: hacia la decadencia de un cierto verosímil? In Barthes, R. et alii. *Lo verosímil.* Buenos Aires: Tiempo Contemporáneo, 1972.
Militello, Dirce. *Picadeiro.* São Paulo: Guarida Produções, 1978.
Monteiro, Duglas T. Igrejas, seitas e agências: aspectos de um ecumenismo popular. In Valle, E. & Queiroz, J. (org.). *A cultura do povo.* São Paulo: Cortez & Moraes-Educ, 1979.
Morin, Violette. El chiste. In Barthes, R. et alii. *Análisis estructural del texto.* Buenos Aires: Tiempo Contemporáneo, 1970.
Oliveira, Francisco de. Crítica à razão dualista. *Estudos Cebrap,* São Paulo, n.º 2, 1972.
Oliveira, Júlio Amaral de. O circo. In Cedran, Lourdes et alii. *O circo.* São Paulo: Secretaria da Cultura, Ciência e Tecnologia, Paço das Artes, 1978.
Paoli, Maria Célia P. M. *Desenvolvimento e marginalidade.* São Paulo: Pioneira, 1974.
Parker, Stanley. *A sociologia do lazer.* Rio de Janeiro: Zahar, 1978.
Pêcheux, Michel. Analyse de contenu et théorie du discours. *Bulletin du CERP,* XVI, Paris, 1967.
———. *Les verités de La Palice: linguistique, sémantique, philosophie.* Paris: François Maspéro, 1975.
Pêcheux, M. & Fuchs, C. Mises au point et perspectives à propos de l'analyse automatique du discours. *Langage,* Paris, n.º 37, 1975.
Peirce, Charles S. *La ciencia de la semiótica.* Buenos Aires: Nueva Visión, 1976.
Ponce, Livio. *El circo criollo.* Buenos Aires: Centro Editor de América Latina, 1971.
Prado, Décio de Almeida. *João Caetano: o ator, o empresário, o repertório.* São Paulo: Perspectiva, 1972.
Propp, Vladimir. *Morphologie du conte.* Paris: Ed. du Seuil, 1970.
Querido, C. *Vers une sociologie des systèmes simboliques: essai de méthodologie.* Montréal: Université de Laval, 1971.
Radcliffe-Brown, A. R. *Estrutura e função na sociedade primitiva.* Petrópolis: Vozes, 1973.
Requixa, Renato. *O lazer no Brasil.* São Paulo: Brasiliense, 1977.
Saussure, Ferdinand de. *Curso de lingüística general.* Buenos Aires: Losada, 1958.

Schwarz, Roberto. *Ao vencedor, as batatas*. São Paulo: Duas Cidades, 1977.
Sercovich, Armando. *Lo imaginario y los procesos discursivos*. Buenos Aires: Centro de Investigaciones Semióticas — Argentina, mimeo, 1976.
———. *El discurso, el psiquismo y el registro imaginario*. Buenos Aires: Nueva Visión, 1977.
———. *Las imágenes discursivas y los significados del deseo*. Montréal, mimeo, 1978 (comunicação apresentada no V Congresso Internacional de Lingüística Aplicada).
Seyssel, Waldemar. *Arrelia e o circo*. São Paulo: Melhoramentos, 1977.
Singer, Paulo. *Economia política da urbanização*. São Paulo: Brasiliense, 1976.
Tinhorão, José Ramos. *Os sons que vêm da rua*. Rio de Janeiro: Ed. Tinhorão, 1976.
———. *Pequena história da música popular*. Petrópolis: Vozes, 1978.
Tirri, Néstor. *Realismo y teatro argentino*. Buenos Aires: La Bastilla, 1973.
———. *Operadores naturalistas en el teatro*. Buenos Aires: Centro de Investigaciones Semióticas — Argentina, mimeo, 1977.
Todorov, Tzvetan. *As estruturas narrativas*. São Paulo: Perspectiva, 1969.
———. Introducción. In Barthes, R. et alii. *Lo verosímil*. Buenos Aires: Tiempo Contemporáneo, 1972.
Tomashevski, B. Temática. In ———. *Teoría de la literatura de los formalistas rusos*. Buenos Aires: Signos, 1958.
Tompkins, J. M. *The Popular Novel in England 1770-1800*. Londres: Methuen, 1969.
Turner, Victor. *O processo ritual*. Petrópolis: Vozes, 1974.
Vargas, Maria Thereza (coord.). Pesquisa n.º 10: área de artes cênicas. São Paulo: Secretaria Municipal de Cultura, Departamento de Informação e Documentação Artísticas, 1976.
———. Circo espetáculo de periferia. São Paulo: Secretaria Municipal de Cultura, Departamento de Informação e Documentação Artísticas, 1981.
Velho, Gilberto & Castro, E. B. Viveiros de. O conceito de cultura e o estudo de sociedades complexas: uma perspectiva antropológica. *Artefato*. Rio de Janeiro: Conselho Estadual de Cultura, n.º 1, 1978.
Veron, Eliseo. *Lenguaje y comunicación social*. Buenos Aires: Nueva Visión, 1970.
Villadary, Agnès. *Fête et vie quotidienne*. Paris: Ed. Ouvrières, 1968.
Viotti, Emilia. *Da monarquia à república: momentos decisivos*. São Paulo: Grijalbo, 1977.
Voloshinov, V. *El signo ideológico y la filosofía del lenguaje*. Buenos Aires: Nueva Visión, 1976.
Watt, Ian. *The Rise of the Novel: Studies in Defoe, Richardson and Fielding*. Califórnia: Berkeley University, 1962.

Impresso na Prol editora gráfica ltda.
03043 Rua Martim Burchard, 246
Brás - São Paulo - SP
Fone: (011) 270-4388 (PABX)
com filmes fornecidos pelo Editor.